2021年教育部第二批产学合作协同育人项目
教学创新改革与体系研究"（202102279002）
2022年度江苏省高校哲学社会科学研究一般项目"中国电光源广告的
设计演进与研究"（2022SJYB0587）

U0574375

近现代上海户外广告
发展、管理与影响

黄展　刘芳　著

WUHAN UNIVERSITY PRESS
武汉大学出版社

图书在版编目（CIP）数据

近现代上海户外广告发展、管理与影响/黄展,刘芳著.—武汉：武汉大学出版社,2022.9

ISBN 978-7-307-22835-1

Ⅰ.近…　Ⅱ.①黄…　②刘…　Ⅲ.户外广告—研究—上海—近现代　Ⅳ.F713.859

中国版本图书馆 CIP 数据核字（2021）第 275904 号

责任编辑：韩秋婷　　　责任校对：李孟潇　　　版式设计：马　佳

出版发行：**武汉大学出版社**　（430072　武昌　珞珈山）

（电子邮箱：cbs22@ whu.edu.cn　网址：www.wdp.com.cn）

印刷：湖北金海印务有限公司

开本：720×1000　1/16　印张：13.75　字数：209 千字　插页：1

版次：2022 年 9 月第 1 版　　2022 年 9 月第 1 次印刷

ISBN 978-7-307-22835-1　　定价：50.00 元

目　　录

第1章 绪 论

上海是中国近现代进程中的重要城市之一，很多学者将其比作现代中国的钥匙，其从最初的一个县城逐渐转变成一个国际化的大都市，依靠的是上海在开埠以后直到20世纪三四十年代中的一系列变化，这其中既有政治、经济、文化等宏观的社会变革，又有艺术、生活方式、设计等具体细节的生活内容变革，但无论是哪个方面，都是上海在中国近现代社会转型期间所产生的巨变。在这演化的过程中，学者对其现象进行了深入而细致的研究。在从整体到局部，从粗疏到细化，从主干到分支的辨析中发现，上海在崛起的过程中，除了政治、经济、文化、社会等方面的原因外，各种"细节化的推进"在近现代化的进程中也尤为重要，其中一个细节为户外广告设计的推进。当时上海繁荣的经济与商业体系中，工商美术是重要的构成部分，其本身既是商业化的产物，又是商业发展、社会进步中重要的反作用力。而在这些纷繁复杂的工商美术种类中，户外广告体系中的各种分支的设计似乎更能彰显上海这座城市的认知与外貌特征。

近现代上海的整体设计内容庞杂且相互交叉，如果单从设计体系角度出发，户外广告只是其中一个片段，但这个片段如同人类本身的基因中的一个序列一般，如果缺少了，则会导致整个中华设计的文化基因产生重大的缺失。本书为了能够进一步细化分析，着重从上海户外广告设计的发展、影响，以及当时社会中的设计的相关管理出发，探讨近现代上海各种类型与形式的户外广告设计，以及其在上海近现代化的过程中显性或隐性地与社会、文化、思想、审美等产生的互动。在此，本书并不想对户外广告设计研究进行片面的、历史性的简单陈述与大而全的概述，而是针对其中几个重要方面进行不同时间段的细节性的特征研究；也不打算将各种户外广告的类型进行简单的罗列与介绍，而是希冀通过户外广告设计本体的研究，在打通"设计"与"广告"这两个基础的构成部分之后，以设计、广告交叉的视角从经济、社会、文化、审美、市民意识等多角度去挖掘户外广告的内容与价值。着力在史料收集、调查采访、推理辨析的基础上，打破线性时间研究的局限，从不同角度解读户外广告设计本体及其所涉及的各个方面，对应与论证本书始终强调的研究点。

中国传统意义上的户外广告源远流长，伴随中华传统文明不断发展，直到19世纪中后期，其所具有的形制、内容、象征含义已经形成一整套比较完整的体系，且在长久的历史节点的转化中并无明显的变化，这当然是农耕文明延续的重要产物之一，也是中华传统文化延续的体现。但是在近现代社会转型中，户外广告受到了大工业时代、机器文明所带来的现代设计体系的冲击，其转变力度之大，导致原有的内容与体系都受到巨大的冲击，但是在短暂的冲击之后，原有的几千年文化积累又逐渐地反渗透到中国现代广告设计中。二者相互作用、相互影响，共同作用于"封闭"到"开放"的态势中。①

这个转折对于中国近现代设计体系的形成是值得比较和深思的。其中关于"设计"最初的形成原因更是我们引以为鉴的宝贵经验，而上海作为中国近现代重要发源地之一，户外广告成为上海都市环境中的"第二道风景线"。这个转变是在商业、建筑、文化、意识、理念、街道、城市等各种元素相互融合后逐步演进累积而成的。对于这个问题，需要从中国设计发展中连续性的一面进行研究，针对其发展、形成、管理、时代价值等一系列问题进行整体性思考，并加以比对。探讨其在社会近现代化转型时期中所具有的影响上海与中国近现代化进程的重要牵引价值。

对于近现代中国上海户外广告的研究，本身具有明显的理论意义与实

---

① 薛娟：《中国近现代设计艺术史论》，中国水利水电出版社2009年版，第7页。

践意义。中国近现代户外广告是指以"户外"为基本特征,以"广告"为物质基础而"设计、传播"的各种广告种类的统称。从设计理论角度,近现代户外广告进入中国后贯穿了整个中国近现代设计发展的始终。其间产生的设计理论、设计历史、设计文化与不同时期的社会影响结合,累积了丰富的设计理论,急需总结与归纳,并应用到当下社会发展、设计视域中。

本书将充分揭示中国近现代户外广告设计演进中设计本体的发展、设计形制的转变、设计管理的发生;探讨其独有的设计影响与理论价值,总结成专门的中国近现代户外广告设计理论。同时,对相关设计史料、文献、遗存资料进行抢救性收集与保存,弥补现有研究体系史料的缺失。已有的中国近现代户外广告的设计理论研究,包括但不限于各种优秀设计实例的总结、分析与所涉及的设计管理、设计伦理、设计文化内容的研究,可以弥补现有设计理论研究中近现代户外广告研究的薄弱环节,并进一步完善现有中国设计体系中近现代户外广告的理论研究部分。

在实践方面,由于广告本体自身的实用性与使用性,户外广告本身所固有的作用就是增加产品、商业的附加值,为经济服务。当然,在特殊历史时期与特殊语境下,其也承担了商业价值之外的宣传作用,如政治内容的宣传、公益内容的传播、文化的传承等。同时,作为户外环境中可视化的广告宣传,其利用自身的特点,不仅进一步扩大了宣传范围,也作为一种独特的视觉艺术形式,起到更好地吸引受众与促进经济发展的作用。但无论哪种内容传播,其发挥的都是自身特有的"内容—设计—传播"的特性,实用性与使用性是价值核心。

由于户外广告大多设置于城市商业区的建筑外侧、户外街道等地,与城市的环境密切相关,对其设计、安装的研究,在很大程度上体现了城市化发展的规划与管理。因此,对其设计发展的总结、整体布局与规划建筑依托的合理性的研究,具有明显的实际应用价值。利用户外广告自身范围广的特点能更好地体现与宣传国家、民族、公益等非营利性内容,其既可以成为经济发展载体,也是服务国家、地区政策方针的重要宣传手段,同时也能起到美化城市空间与公共视觉环境的作用,可以提升整体城市形象与城市文化品位，成为更为耀眼的"夜晚城市第二道风景线"。

近现代户外广告设计中所独有的广告传播效力与科技传播性，使其设计样式与展示时空都颇具独特性，并体现在大量的设计案例中。这些案例的设计方法、表现形式与当时具体情况结合的设计经验，不仅造就了当时霓虹灯广告等高科技发展的顶峰，也为今天的设计、生产、制作与规划提供了重要设计参考。户外广告尤其是近现代时期的户外广告，作为现代科学技术的产物，在其演进过程中，科技的融入自始至终，相关设计中科技因素的加入不仅在很大程度上左右了设计效果，也成为近现代科学技术传入中国、在中国发展的重要部分，对于相关科学的发展提供了重要佐证与研究帮助。

整体来说，近现代中国户外广告从简单到复杂、从有到繁、从繁到变，在不同的时间节点产生不同的设计内容，厘清这些节点的形成、发展与传播的原因，有助于搞清设计历史演变的真相；通过分析所涉及的设计事件、设计形式，总结户外广告设计与近现代以来中国其他相关设计种类相互影响之后的结果，用来佐证其在中国整体设计体系中的地位、价值与独特魅力。而户外广告在不同时期积累了大量相关设计事件，包括经典设计案例、重要设计参与人员、设计行业的发展、设计历史与理论总结以及设计之后的评价与设计制度管理。这些都成为研究户外广告的重要方面。

户外广告在中国的发展并非一成不变地前行，它的出现是中国新旧时代更替的产物，而且它的发展与时代发展并非完全一致，其虽作为经济附属却又经常受到政治因素的左右，这是一个具有起伏变化且螺旋上升的过程。需要在这个复杂变幻的时空内准确地把握其发展走向，透过设计形式，把握其设计本质。总体来说，就是在研究设计本体之外，全面客观辩证地分析与研究具有重要影响的设计事件。

第2章 近现代上海户外广告的发展基础

2.1 近现代上海户外广告发展背景

近现代上海所形成的商业文化本身是一种聚合体，是一种与经济、政治交叉的共同产物。19世纪末期的上海在各种社会形态的转变下所产生的商业因素，形成了中西文化结合的独特文化特征。而在这种生活方式的转变下，对于商品的需求则转化为更为直接的消费过程。

在上海政治、经济的变化过程中，在商品经济的冲击下，西方思想不可避免地与西方设计文明共同作用，将上海变成一个重要的接纳与转化空间。工业化大机器生产下的国家观念和西方设计经验为依归的商业思想以通商口岸为中心开始传播，新式学校、报馆、译书馆如雨后春笋，形成一股要求彻底变革社会的强大思潮。如第一份中文报纸《上海新报》（1862年）问世后，商业利益驱使广告随之而来，并开创了利用报纸刊登广告之先河。再如《新闻报》在1865年（清同治四年）创刊，创办之初，就大量刊登广告，且广告的版面甚至达到报纸全部版面的70%。而随着上海近现代商业、经济不断发展，各式广告载体更加丰富，使用的广告范围也更加广阔，手段更为多样化，其中广告从报纸广告扩展到招贴、路牌广告等形式就是很好的例证。①

---

① 《上海通志·专业志·上海日用工业品商业志·第十二篇广告商业》，http://www.shtong.gov.cn/node2/node2245/node66046/node66062/index.html，2008-12-08。

伴随民国初期与西方的交流日益紧密，大量西方商品、橱窗广告、美国电影持续涌入，带来了光怪陆离的视觉感受，这种感受依托在最直接的商品与相关的美术宣传上，成为这时期的一个重要特征。西方先进的印刷术、工业技术、新的材质所带来的各种产品"包装"了一个崭新的商业美术的"体系"。在这个"体系"中，对于传统商业美术形式认知的冲击，"显然暗示了另一种'历史真实'，它就是西方现代性的到来"。① 对于这种现代性，很多曾经留学西洋学习美术、广告、商业等学科后归国的人员强烈意识到这种现代性的冲击，开始有意识地在设计中加入这种现代性特征。很多工业产品的包装也是借鉴与沿用西方的设备、技术、手段与表现方式，成为户外广告牌的"草稿"（见图2-1），很多设计的商标、月份牌中的人物也成为路牌广告的构成内容（见图2-2）。而户外广告的设计、绘制与应用

图 2-1　20 世纪初期茶业产品包装

---

① ［美］李欧梵：《上海摩登：一种新都市文化在中国（1930—1945）》，毛尖译，人民文学出版社 2010 年版，第 4 页。

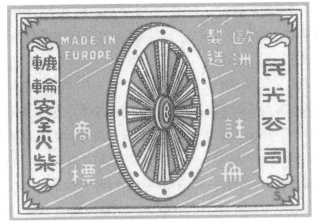

图2-2　20世纪初期火柴产品包装设计

不可避免地受到当时西方工商美术多方面因素的影响：既有西方不同形式的橱窗、印刷品、工艺品、近现代影像技术的促进，也有与西方广告、户外广告本体等各种商业美术形式的结合；在国内不同商业美术形式如月份牌设计、报纸杂志广告、产品包装、书籍装帧等各方面的共同作用下，互相影响与配合，共同促进近现代上海户外广告的设计发展。

2.2　19世纪末20世纪初商业美术与广告技术的支撑

2.2.1　西式商业美术的涌入

西方在工业革命之后，经过几个世纪的持续发展，演进到20世纪，所累积的商业基础与工业能力催生了现代设计的基础模型，并在全球传播和普及，虽然这个过程带有很多侵略性与强迫性因素，但仍犹如一股巨大的文化涡流，推动、影响所到之处，而所到之处根据这些被时代影响的因子，处于一种抵触、选择、吸收与再造的过程，这种复杂的状态对于东方来说，是一种复杂的关系生成和文化再定义的过程。近现代上海在20世纪初的文化传播中的认知，经过了一种"产生—波及—影响—吸收—推行"的过程。这个前后连贯的过程诠释与揭示了外来作用与内部文化"共生"的再定义。当我们剔除抽象概念，关注这一系列的"涟漪"过程下的本体物象后，就可以清晰地认识到同期上海文化、美术、艺术的相互关系，尤其是商业美术在西方资本主义体系下的影响与反馈。

这种影响在当时是从多方面、多角度影响到中国商业美术，进而影响到当时整体户外广告设计的。针对工商美术带来的影响，我们可以从早期开设在土山湾的各种手工作坊进行切入。土山湾印书馆是早期外国天主教传教士在上海建立的印刷出版销售机构，除了印刷大量宗教书籍之外，还印刷了大量近现代自然科学的科普印本，为西式文化传播与早期设计的萌芽出现起到了一定作用。这些宣传媒介依靠精美的装帧、宣传画等，不仅对于当时的工商美术起到了重要的传播作用，而且将先进的西方科技文明、日常生活用品带到了中国百姓的视野中。显然，土山湾印书馆在传播"圣教"的同时，对于在中国民众和信徒中传播西方的科技文化是很有信心的。诚如史式微神父所言："土山湾印书馆远东闻名，它出版的所有的书铺就了一条黄皮肤的人们与其他肤色人们之间交流的道路。"[1]同时，土山湾印书馆所属的土山湾画馆作为"中国早期西方美术教育机构"，对上海的商业美术的缔造与传播都起到了重要作用，虽然其最初主要目的是为了宗教美术的应用，但在这个过程中，也引入了较为全面和正规的西方美术教育方法和体系，分为水彩画、铅笔画、擦笔画、木炭画、油画等科目。中国近现代著名美术家徐咏青、周湘、丁悚、张充仁等都先后在此学艺。这些人中不乏中国现代美术的先行者和启蒙者。[2] 这些美术的先行者到民国时期已经可以熟练运用西方的商业美术形式进行适合中国国情的商业美术创作，他们既在自己的专长上独立创作，又不失时机地在某个固定时期与环境中（商务印刷馆图书部、英美烟草公司美术馆等）相互配合（包括很多在华的西方画师与设计师），对当时的商业美术创作起到了举足轻重的

---

① 姚一鸣：《中国旧书局》，金城出版社 2014 年版，第 17～18 页。
② 夏征农、陈至立：《大辞海：美术卷》，上海辞书出版社 2012 年版，第 488 页。

作用。

这一时期，近现代中国在国门打开之后，不可避免地开始接触、接受、认同西方的一些内容，随着交流的不断紧密，大量带有西方设计成分的商品、橱窗广告、美国电影、期刊持续涌入，带来了与过去截然不同的全新视觉感受，依托于商品与相关的商业美术宣传，成为这时期一个崭新的时代感受。同时，基于西方科技文明变革下的先进印刷术、工业技术、新的材质所带来的各种产品的"商业美术"无形中创造了一个崭新的商业美术体系。这个体系，一方面强烈冲击着传统商业美术形式，"显然暗示了另一种'历史真实'，它就是西方现代性的到来"。① 在早期美孚广告中，将现代设计形式与中国传统图进行了结合（见图2-3、图2-4）。另一方面，这个体系在建立中面临了西方现代性的到来。很多工业产品的包装借鉴与沿用了西方的设备、技术、手段与表现方式，成为广告设计的"参考"对象，而颇具西方设计元素的商标、月份牌中的人物也成为路牌广告的构成内容，对户外广告的设计、绘制与应用产生了不可避免的影响。此一时期的商业美术处在西方工商美术整体影响之下，有多方面因素的影响。既有西方不同形式的橱窗、印刷品、工艺品、近现代影像术的促进，也有西方广告、户外广告本体等各种商业美术形式的结合；同时，在西方学习美术、广告、商业等学科留学归国的人员也加强这种情况，他们在与不同商业美术形式（月份牌设计、报纸杂志广告、产品包装、书籍装帧）等各方面的共同作用下，互相综合与配合，共同影响近现代中国上海的户外广告设计。

2.2.2 中国本土各方美术形式的融合

户外广告设计属于工商美术的组成部分，其设计、制作与当时的各种"美术"形式、"美术"相关人员关系密切。清末由于战争等原因导致了江南

---

① ［美］李欧梵：《上海摩登：一种新都市文化在中国（1930—1945）》，毛尖译，人民文学出版社2010年版，第4页。

图 2-3　美孚早期广告（约为 1900—1912 年）颇具东西方结合的特点

图 2-4　美孚早期广告（约为 1900—1912 年）颇具东西方结合的特点

一带大量的旧文人、士绅辗转来到上海。这些人进入上海后，谋食于城市新式的文化事业机构，同时也以传播西学或者从事城市大众文化事务为主要职责，并转化为最早一批新型知识分子。这样就造成了两个结果：一方面江南文人受到新式文化机构的制约和改造；另一方面江南文人的文化色彩深深地影响了近现代化上海的文化气氛。① 在这些知识分子中，包括了

---

① 熊月之：《上海通史·第 10 卷　民国文化》，上海人民出版社 1999 年版，第 1 页。

大量上海周边城市的文人画家，他们的到来，不仅带来了文化的交流，也带来了各种艺术形式的交融，如苏州杨家埠版画、广东的岭南画派以及民间的年画都成为早期月份牌为代表的广告画的主要参照对象。20世纪以后，大批接受了西方文化训练的留学生以及许多从国内其他地方新来上海者加入到文化事业行列中。在这个独特的环境中，面对"文人画家"所带来的多样化的艺术风格，造就了上海的文化圈的商业性特征，无论文学艺术还是美术作品，都与上海的商业属性进行融合，外来的美术形式在一定程度上需要由过去的"高高在上"少数人的特权，转而走下神坛成为商业化、大众化的附属，成为推销产品与百姓认可的形式。在上海依靠商业原则建立起来的新式文化事业过程中，各方画家及其艺术作品不得不被上海的商业文化所掣肘，文人情趣正在被市民情趣所替代，过去那些正统的、典籍的艺术思路逐渐被剥离，而大众的、民间的、习以流传的文化形式，逐渐成为社会上最惹人注意的东西，并且为知识分子所重视。这些内容混杂流入上海的最前沿西学、各类型工商产品的美术包装、商标设计、广告宣传之后，形成了一种借用东方文化来表达西方工业社会的"艺术风气"，也促成了一批由传统画家转向商业画家的群体。早期他们这种半抵制、半顺从的态度也体现出上海文化发展的一种趋新、趋西方化的倾向（见图2-5）。这些原有的艺术形式、艺术表现在经历了近现代文化与商业化、功利化的影响以后，并行地出现在上海的独特空间中。在20世纪初期整体商业美术发展、成熟的过程中，经过再次发酵与提炼，形成了独具上海特色的专有化的户外广告形式，也推动了民国中后期上海户外广告设计样式与类型的极大丰富，体现在户外广告方面上，形成了一批早期招贴广告形式。我们通过现存20世纪20年代的作品可以看到，当时的美孚石油广告招贴既有传统的国画画法，也有西式的油画技巧的存在，这些早期带有明显中国传统艺术效果的广告画，成为当时最为主要的宣传形式，虽然并不完善，但是凭借人尽皆知的题材与丰富的色彩表现，成为当时广告的代表性作品。其中很多既有的绘画形式虽然最初并不是作为户外广告的初始目的而出现，但经过简单的杂糅与组合之后（如产品名称、产品本身、公司名号等商业化内容的简单添加），使其的确承担了户外广告的作用。关于这些绘画形式的衍生作用，其各种"可能性"的运用与推演甚至是这些画师们也没有想到的：在民国初期的招贴等户外广告中起到了非常重要的视觉宣传作用；而后期的大幅路牌广告更是将这种商业美术形式推上了一个新的高度。

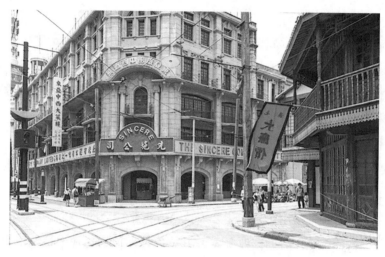

图 2-5　20 世纪初上海具有西式特征的招牌店面

2.2.3　早期户外广告设计相关技术的应用

科技对于近现代文明社会发展的促进作用，不仅体现在工商业与人们生活息息相关的实际生产中，也在很大程度上体现在相关商业美术形式与产品宣传手法的促进上，对于广告行业来说也毫不例外。中国传统的商业美术、广告主要使用的材质为纸张、布匹、植物茎叶、木板、陶瓷等，技术传承许久，封闭、固定、缺少变化且均带有定式。相比较而言，到 20 世纪早期，西方国家通过工业革命陆续出现或流行的印刷技术、新型纸张、铁皮、水泥、玻璃、彩印、搪瓷等新兴技术、材质作用于户外广告设计、制作更具有吸引力。中国传统的形式无论在吸引力还是宣传效果上都已经非常落后，西方这些新技术被广告商尽最大可能地发挥了想象力后应用到广告上。这些新科技、技术、材质变革了原有的户外广告形式，开创了一个新的具有时代影响力的"广告纪元"。在这一时期比较有代表性的印刷技术的革新与应用对于户外广告的影响非常明显，如上海土山湾首用珂罗版印刷工艺印刷《圣母》等图画，被视为成功的批量彩色印刷品的开始。随着商务印书馆等大型公司的成立，新技术、新设备、新材料等的采用，开始打破了外商垄断的局面。随着1898年价格低廉的日本仿欧式轮转印刷机进入中国，各厂多采之，大面积的彩色印刷时代到来。① 当时，著名的《申报》馆也开始采用英人发明的泥版铸铅工艺，引进了手摇轮转印刷机，开始了早期的大规模印刷，民国之后，印刷技术在《申报》、商务印刷馆、英美烟草等公司的商业促进下，引进四色铅版印刷机等一系列彩色印刷设备，在很大程度上提升了印刷水平与技术，成本也逐渐降低，"西方各种近现代印刷术几乎均在此时传入，并且有的是刚刚发明即传入中国，是边发明、边传入的。"②商业兴起与新文化的传播加剧了对印刷品的需求，单从招贴广告的技术需求来说，英美烟草公司、南洋烟厂等企业，为了自身的宣传与竞争的需要，不断引进最新式的印刷设备。英美烟厂在1911年建立的上海浦东烟草印刷厂，率先购进橡皮印刷机进行印刷，为上海采用平版间接印刷之始。③ 随着上海英美烟公司印刷厂多次购进多色铅版印刷机，可同时套印四色，印速也有所增加。此后，在近现代中国民族印刷业日益崛起的年代里，更为先进的多色轮转印刷机亦相继引进，中国民族印刷业也随之进入了一个堪称"中兴"的历史新时期。④ 其中就包括商务印书馆各

---

① 张树栋、庞多益、郑如斯等：《中国印刷通史》，财团法人印刷传播兴才文教基金会1998年版，第1149页。

② 张树栋、庞多益、郑如斯等：《中国印刷通史》，财团法人印刷传播兴才文教基金会1998年版，第489页。

③ 张树栋、庞多益、郑如斯等：《中国印刷通史》，财团法人印刷传播兴才文教基金会1998年版，第489页。

④ 张树栋、庞多益、郑如斯等：《中国印刷通史》，财团法人印刷传播兴才文教基金会1998年版，第489页。

式先进印刷机器设备的应用,可以实现以往无法实现的印刷,如美国进口的三部胶版机,不仅印刷速度更为快捷(5000 张/小时),而且硬质纸张与粗糙的纸张都可以进行细致的印刷,这在过去是不可实现的,不仅在当时上海甚至在亚洲地区都是比较领先的。① 不仅商务印刷馆如此,其他印刷企业也"致力于引进西方先进的科学技术,发展中国文化事业,以图与帝国主义侵略势力抗衡。在这样的形势下,国人自办的印刷企业犹如雨后春笋般地诞生了,且发展迅速,到 20 世纪 30 年代达于高峰"。② 在近现代中国向西方学习科技的过程中,上海充当了前卫的角色,其具备了当时中国最为先进的印刷设备和技术,成为当时户外广告普及的重要依托。这些努力毫无疑问不仅在商业上对利润给予了保证,而且在实际用途上,也促进了商业海报、商业印刷,尤其是户外招贴广告制作的精度与效果,为大量且更为精细的海报、招贴广告的流行提供了基础、可靠与坚实的技术支撑条件。由 20 世纪初上海"爱尔家"清洁用具的招贴广告可以看出,当时制作与印刷工艺已经相当精良,所产生的宣传效果也非常明显(见图 2-6)。

户外广告本身的设计、制作过程即可被视为近现代科技演化与体现过程的一个侧面,很多资本主义国家的科学技术经过发展,都尽可能地运用到近现代化的商业广告中去换取更多的关注与利润。从广告技术来说,如果没有 20 世纪初期丰富的科学技术所带来的材质、工艺、发明、技术等内容,当时相关的商业美术与户外广告无论如何不会表现得那么丰富多彩,也不会那么准确地体现时代背景下上海的独特面貌与特征。不过这对于户外广告整体发展来说,仅是民国时期上海户外广告技术应用的一个开始,在随后的几十年间,每次科技的进步都尽可能地运用到户外广告设计与制作上去。这些变革和技术与民国中期整体户外广告应用的结合指向性更加明确,科技发展与户外广告相辅相成、相互支持,更与户外广告的变革、更新遥相呼应,成为民国时期上海户外广告成熟与发展的重要保障。

---

① 张元济:《张元济全集·第四卷》,商务印书馆 2009 年版,第 314 页。
② 《中国印刷通史·近现代篇》,http://www.cgan.net/book/books/print/g-history/gb_12/12_2.htm,2014-08-12。

图 2-6　20 世纪初上海具有西式特征的广告

　　而到了 20 世纪三四十年代，西方科技文明带来更为多样的载体与材质，相较于民国初期时的技术应用，这些直接匹配于户外广告的物质基础更加成熟，也更具有"指向性"地提供了直接与准确的户外广告支撑。这些物质基础与载体形式在一定程度上扩展与丰富了民国时期户外广告的呈现形式。正如徐百益在 1982 年中国广告学会成立大会上讲的："……广告媒介的增多，可以推进广告行业的发展。我认为广告媒介的增多，决定于物质条件和科学技术的进步。"①因此，对于民国时期不同类型的户外广告设

①　徐百益：《中国广告发展简论——1982 年 2 月在中国广告学会成立大会上的发言》，参见上海广告协会《徐百益文集》，未正式出版，2012 年印行，第 29 页。

计形式的研究延展到其物质基础的研究，是全面认知其发展的一个重要方面。没有这些科技作为支撑与支持，就没有户外广告的辉煌。而当时户外广告所应用的最为先进的技术，也代表着当时对于西方科技的引进与消化的能力，一定程度上可以看作户外广告推进了西方科技文明的直接吸收与"民用化"（见图 2-7）。

　　在新技术与新材料的应用上，诸多不同的户外广告技术、材质在不断地更新。这一时期，新颖的霓虹灯广告、车身广告、广告钟、路牌广告等交相辉映，涌现出了一批以新技术与材质为基础的户外广告形式，形成了自身所特有的制作特点与工艺流程，不仅代表着当时户外广告的生产与制作水平，也反映与影响着这个城市的发展与不同侧面（见图 2-8、图 2-9）。如 1936 年美灵登的《上海户外之广告》中写道："1902 年，至电车招贴广告，则只有跑马厅、赛狗会，间或一用之，其时年红灯尚未发明……今日（1936 年）则大不同，若能将布置恶劣，灯光不明的路牌广告，大加淘汰……今日上海成效卓著之另一广告法，为双层汽车之两旁地位。自此车最初行驶之时，此项广告地位，争相登载，时至今日，为时一年有半……"①又如，如来生在民国后期的总结性广告著作《中国广告事业史》中也写道："自从照相铜锌版发明及霓虹灯管传入以后，使广告的工具，更臻完善……要是没有霓虹灯管，就不能利用阳光逝后的空间，到民国二十年以后……广告效力，未可厚非，深入妇孺阶层。"②如果说在民国初年的以印刷术为主的广告技术成为第一次户外广告的主要推进力之外，那么民国中期的第二次广告技术支撑则更为多样化，应用与转化的效率也更为高效；这次"技术革命"也直接促成了民国时期户外广告各种先进形式的集中体现。20 世纪 20—30 年代霓虹灯在美国大发展时期，上海同期也出现了这种最时兴的户外广告技术。到 30 年代的时候，霓虹灯广告就已经"泛滥"于上海大街小巷，上海的各大商业楼、门头都装有这种"先进"的户

---

　　①　[英]美灵登：《上海户外之广告》，载《广告与推销》1936 年第 1 期，第 53～54 页。

　　②　如来生：《中国广告事业史》，新文化社 1948 年版，第 16 页。

外广告装置，这种技术所带来的影响与变化显而易见。同时，相对于略显前卫的霓虹灯技术，一些常见的普及化的户外广告形式以及新技术与材质的引入也带来了不小的影响。如在路牌广告中，除了颜料、油漆等基础材料自身的更新换代之外，很多其他技术的应用也对路牌广告的发展也起到了重要的促进作用，比较明显的是钢架焊接等技术的运用。随着路牌广告高度的增加和体量的增大，尺幅巨大的路牌为了满足更为牢固、抗风等需求，就需要更为坚固且轻便的铁架等结构，而连接这些钢架需要焊接技术的运用。电焊约在20世纪20年代进入中国，① 虽然这一技术不确定是否是伴随户外广告、路牌广告的发展进入中国的，但这一技术的确对当时上海的户外广告尤其是各式路牌广告的发展起到了重要作用。有了这种材质提供的结构支撑，当时的广告牌可以制作到几十个平方以上的巨型尺寸，也可以悬挂与安放到各类高层的建筑顶端（如天厨味精广告牌）。焊接技术的出现，对于当时户外广告的设计、制作与安装起到了较为明显的作用。在当时上海户外广告牌的制作中，很多大型的路牌、广告牌的支撑架都利用了电焊技术，② 可以将户外广告牌放置到更高的地方，使得广告牌的安装、保存更为长久与稳妥，也从设计的角度提高了各式户外广告的安全性和美观性。

以新技术、新材质、新载体为基础的近现代户外广告不仅是商人促销的手法，也是当时时代背景下户外广告形式在竞争中所必须完成的自我更新，这类技术的更新必然会带来设计上的发展与突破，让当时的户外广告设计得以更为快速的进步。从整体的户外广告的广泛性来说，这些户外广告的内容也成为展示与宣扬西方近现代科技文明的一个侧面，与其他形式

---

① 1940年6月励志书局出版的德国人E. K. OSACK 著、杜若诚译的《电工学（第五版）》第十三章"电焊及锻焊"详细地介绍了电焊技术的使用。由于此书为再版，所以查证译者在本书言例中署名日期为民国二十三年，且写到"译者回国后觉我国关于电工书籍独付厥如……自着手以迄出版共历三载之久"，即为1931年始写此书，而那时电焊在民国时期已经出现并使用，所以电焊技术进入中国并使用应该不晚于20世纪20年代末。

② 参见王祖升的访谈录，2015年1月24日于其上海浦东家中。

图 2-7 民国时期街头福特汽车路牌广告

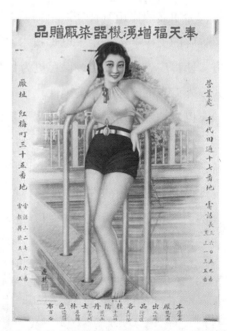

图 2-8 近现代中国采用全新印刷技术的 图 2-9 近现代中国采用全新印刷技术的
月份牌广告 月份牌广告

的技术结合在一起，影响上海普通民众，在成为民众认识西方近现代科技的一个窗口的同时，也对当时工商美术的整体发展以及社会近现代化的发展起到自身所独有的推进作用。

2.3 广告行业自身的繁盛与影响

2.3.1 广告行业自身的繁盛

商业的发展与完善有其自身的规律与进化周期，在整体广告发展氛围的影响下自身发展与时代发展融合下交叉出一个顶点，而民国中期户外广告行业正处在这个交叉的顶点。这个顶点一方面是由广告整体行业发展产生的带动；"广告事业大有日益蓬勃之势，全无衰退现象，不过事业前途虽有无，但使命自极重大……倘若商人视广告界为赘疣，那是商人不知道其广告的重要，倘若互受其惠，非诚意合作不可"。① 1927 年由上海"维罗广告公司""耀南广告社"等 6 家广告社组织成立"中华广告公会"，② 以争取共同的利益和调节同业间的纠纷、联络与各报馆的感情为目的。公会成立后，建议不再用"捐客"的名称，并向《新闻报》《申报》等报刊呈请，要求不再称"捐客"，而代以"代理商"为名称。广告行业在早期广告"捐客"的基础上已经有了本质上的转变，成为专门化的广告运行公司与广告服务公司。随着代理商名称的确立，广告行业的发展也进入了一个良性、正规、标准化的时期。在随后广告行业的细

---

① 如来生：《中国广告事业史》，上海新文化社 1948 年版，第 3 页。

② 公会名称后来几次更改，于 1930 年改为"上海市广告业同业公会"。1946 年，改称"上海市广告商业同业公会"，成员增至 91 个广告公司、行、号、社，按其代理业务分为报纸类、路牌类和其他。公会的宗旨是"维持增进同业之公共利益及矫正弊害"，制定《上海市广告商业同业公会业规》七章四十二条，希望"同业须各本互助精神，谋业务之发展，不得有欺诈及不正当之行为，并不得接受有违法令之广告，更不得跌价为竞争之手段"。该会设理事会 11 人，监事 3 人，每年召开一次定期会议，临时会由理事会认为必要时召开。对同业中的不正当竞争等事项讨论决议，由理事会最终决定。

分中，户外广告的承接与户外广告的设计制作也进行了明确的区分——广告的承接与户外广告的制作也开始真正分开。例如荣昌祥广告公司逐渐成为当时最大、最专业的户外广告制作公司，通过与其他公司重组，将生产、设计、经营明确分工，逐步走上了专业化生产的道路。这种现代公司化运营的必然结果，也是将现代的商业模式与市场运作方式融入户外广告行业中的体现。这一系列的情形对于户外广告的设计与创作具有重要的推进意义。[①] 这也阐释了户外广告在一定程度上推动广告公司走向正规化的价值。另外，早期成立的众多广告社(公司)经过时间的积淀与自身的完善成为促进户外广告成熟与发展的重要因素，成为整体商业体系中必不可少的一环。在当时上海的商业系统中，"生产—利润"的产生必须经过户外广告这个环节，户外广告不仅是广告本身利润与价值的追逐方式，也是近现代化商业生态的一部分。此外，经济的发展与认知的提高，毫无疑问地将户外广告行业定义为当时的"朝阳"产业，户外广告是各家厂商的重要宣传途径与利润的来源，驱使大量广告公司出现、参与到户外广告设计中。当时上海到底成立了多少广告公司或从事广告业务的相关部门等，现在可能已经无法进行详尽的统计，但是从当时的一份文献可以看出："三十年来，广告代理商，由三五家陆续增至一百十余家……全国广告从业人员，亦陆续造就产生，除了广告代理商之外，各大公司各大厂商，亦往往有广告部之设立，有些报馆，通讯社，印刷厂，电讯交通集团，电台，京戏影戏馆，亦有兼营广告以作副业的。"[②]当时从事广告行业的机构数量由此可窥一斑。大量广告公司的出现毫无疑问地促进了户外广告的大量创作。除当时最为专业化的荣昌祥公司外，很多其他比较著名的公司也将户外广告广告作为自己的主要业务，到 20 世纪 30 年代，上海的很多老牌与新兴的广告公司都将路牌广告的经营作为业务的一个重要方面，其中不少广告公司

---

① 以上户外广告公司的运作与设计方式等内容，参见汪统、鲁懋德：《王万荣与路牌广告大王荣昌祥》，中国人民政治协商会议上海市静安区委员会文史资料委员会《静安文史·第 7 辑》，上海市出版局内部资料准印证(92)第 225 号，1992 年印行，第 79 页。

② 如来生：《中国广告事业史》，上海新文化社 1948 年版，第 3 页。

甚至将其作为主要收入来源。① 当然，从另一个角度来讲，这些专业化的广告公司的参与不仅在数量上达到一个高峰，更在户外广告运行管理、专业化制作与细致分工等层面达到了一个较高的水平。

户外广告多样化地出现，还有一个重要原因是这些户外广告本身对于受众的吸引。其实，造型各异的户外广告，其本身造价并不低，很多户外广告自身的制作也精良细致，这就让受众觉得优秀的户外广告就代表好的产品本体。一定意义上，广告就是商品本身价值的一面"镜子"，"镜子"里的商品是否满足大众的需求，除了对于实际物品本身的迷恋之外，这些"镜子"本身，即户外广告本身的美观、漂亮、新颖与否也是吸引人们实际商品欲求的一个重要中介与方面。受众对于广告这面镜子本身的迷恋也会促进与加强对镜中实际事物——商品的迷恋，所以，在西方先进的商业体系与产品进入中国以后，更丰富的产品与更多样的广告、销售带来的更多利润，让人们认同了广告中西方产品代表着更为可靠的功能与产品质量，广告商与企业主也认同更新颖、多样的广告才能带来更多的利润。这使得户外广告在这一时期作为商业社会与体系中的一部分，以其更加多样化的表现形式来应对时代需求。

随着户外广告的普及与应用范围的扩大，以及社会分工继续细化后的结果等多方面因素的作用，上海"第一代"专业化的户外广告及广告公司相继开始成立(见表2-1)。同时，伴随广告行业的兴盛，外国人在上海开设以户外广告为主要业务的公司，较早的是法商法兴印书馆开设的广告部，经营路牌广告，还曾用广告船行驶于内河，经营内河航线广告。② 还有19世纪末，王佑之开设胜华广告社，从事招牌广告设计。20世纪初期，闵泰广告社成立，主要经营英美广告公司的路牌广告。1902年上海商务印书馆设中国商务广告公司，承接各式广告，也包括户外广告。在1915年，意大

---

① 《上海通志》，http：//www. shtong. gov. cn/newsite/node2/node2247/node79045/node79394/node79408/userobject1ai104461. htm，2008-07-21。

② 《上海通志·专业志·上海日用工业品商业志》，http：//www. shtong. gov. cn/node2/node2245/node66046/node66062/index. html，2008-07-21。

利人设立贝美广告社，承揽洋货户外广告。还有1918年美商克劳广告社成立，生产与制作美制商品广告。① 它们的设立不仅从经营内容、业务范围上明确了户外广告的专有化程度，而且为户外广告的设计、实施提供了更为专业的标准与支撑，也为户外广告在民国时期的真正成熟与发展奠定了最为直接的基础。

表2-1　　近现代上海具有代表性的户外广告公司（部分）一览表

序号	公司名称	业务范围	规模/成立时间	公司人	户外广告设计方面的影响
1	荣昌祥广告公司	路牌广告	1920年9月左右	王万荣	经过民国中期的兼并与合并重组，民国中晚期成为民国时期最大的户外广告公司（具体发展见第七章）
2	联合广告公司	综合广告：新闻、路牌、杂志等各种广告的承接	公司最早成立于1930年，1931年筹股成立"联合广告股份有限公司"②	张竹平及汪英实、陆梅僧等	成为荣昌祥广告公司主要的业务来源，并提供先进的管理方式
3	华商广告公司	综合广告：新闻、路牌、杂志等各种广告的承接	1926年	林振斌、李道南	设计了一系列优秀的招贴与广告
4	东方霓虹电气厂	霓虹灯广告	1929年完成注册	董景安、张惠康等	中国第一家大型民族霓虹灯品牌
5	美灵登广告公司	路牌、公共车辆、电话簿广告	1921年	美灵登	重要的外资户外广告公司

① 《上海通志·第十九卷商业服务业·广告行业》，http://www.shtong.gov.cn/newsite/node2/node2247/node79045/node79394/node79408/userobject1ai104461.html，2008-07-21。

② 上海档案馆档案，《徐永祚会计事务所关于联合广告公司登记》，档案号为Q92-1-86。

序号	公司名称	业务范围	规模/成立时间	公司人	户外广告设计方面的影响
6	交通广告公司	沪宁、沪杭铁路及月台户外广告			1930 年，交通广告公司投标承包铁路沪宁、沪杭甬沿线和月台路牌广告

2.3.2 该时期整体广告发展的影响

这一时期商业的发展催生了整体广告的兴盛，同时让广告行业更为多样化与专业化，户外广告成为一种独特的专门的形式开始系统化的发展并独立存在。同时，在商业对广告的作用力过程中，户外广告也开始对商业发展产生了一定的反作用力。随着户外广告形式的多样化与应用的广泛化，西方的广告内容与形式结合，将原有的"招幌""招牌"等商业元素重新整合，演变为具有现代意识的设计。这种设计的内容在很大程度上不仅成为商业化走向近现代的一种外貌特征与表象形式，还在一定程度上指引了社会的转型，这种转型在更为宽广的时空领域左右了社会发展与时代的风貌，当时，上海从一个小渔村发展为"东方巴黎"，直观上来说就是户外广告产生的视觉感受，这种视觉感受转化为影响力与感召力，进而改变了人们的传统生活方式，如从封闭走向开放，在这个过程中，整体的广告发展起到了一种潜移默化的效果，当然，对于其发展的初期，其力量才刚刚显现。具有现代设计因素的户外广告设计在不断的发展中逐渐形成了自己的体系与行为模式，在不同的商业环节与环境内，不断扩充与嬗变，不仅是对商业附属的改变，也是对近代中国文化、审美、市民因素等内容全面的影响与干预。

◎ 本章小结

近现代上海经过半个多世纪的开埠形成了"三界四方"的政治格局，西方殖民者不仅将西方先进的生产力带入上海，也不可避免地将西方生活方式与思想文化引入上海。上海受到了政治、战争、文化变革等影响之后，对于西方事物的态度发生了巨大的转变，开始有意识地认同与学习西方的先进理念与事物。其中就包括西方的工商业生产、商品销售等经济内容，从而带动了民族资本的发展，也带来了民族资本与西方资本双方的商战与广告战。在双方此消彼长的相互竞争中，户外广告成为民族资本竞争的利器，也成为西方殖民者进入上海、国内的"利剑"。虽然由于技术和条件的限制，早期的户外广告主要以民墙广告和招贴广告等形式为主，但这并没有影响到竞争的激烈。当然，不可否认，在初期的户外广告竞争中，西方企业凭借自身的经验和资金、产品等方面的优势，在竞争中处于上风。这种情况在民国政府成立以后，随着南洋烟草、中法大药房等一批企业的成熟与壮大之后，开始了疯狂的反扑，将各种类型的户外广告应用更为广阔。同时，面对当时社会对于广告大量的、专业化的需求，出现了大量广告掮客和工商企业的广告部，如五洲药厂、信谊药厂、新亚药厂、三友实业社、华成烟草公司、南洋兄弟烟草公司、中国化学工业社等民族工商业都曾先后成立了广告部，这些都促进了户外广告的制作与形式、类型。正是由于以上这些变化，民国初年的上海户外广告在各方势力与时势的影响下，逐步走上历史舞台，并为下一步户外广告的繁荣准备了必要的前提并积蓄了"能量"。

第3章　近现代上海户外广告的特征分析

3.1　各类型户外广告的发展

3.1.1　路牌广告

路牌广告是民国上海乃至当时全国最为重要的户外广告形式之一。路牌广告本身的主体框架材料为木框架，价格便宜，应用广泛，技术难度低，被广泛应用。路牌广告用于绘画的基材主要为镀锌板。这种材料是在19世纪末20世纪初人类利用的金属种类日益增多后出现的。镀锌板又名铅皮，广泛地应用于当时的各个行业，如中华书局1918年"购办全张印刷机两台。一系铅皮车，一系橡皮车"。上海印刷业习惯使用的金属板材是锌皮而非铝皮。日本称锌为亚铅，上海印刷业者称为铅皮、白铅皮。[①]

在1910年以后，镀锌板除了主要作为路牌广告材料外，也广泛用于车辆牌照、门牌的制作，早期直接进入上海的西方企业的标牌就是用这种材料加上烤漆而得。镀锌板还有铅板、铅锌板（IRON）等名称，主要的材质是金属铁、铅合金，为了防腐，镀一层锌作为防腐材料，故称为镀锌板，而其中大面积应用最多的则是路牌广告的基材，路牌广告就是将这种镀锌板钉在木框架上进行下一步的绘画。

根据现有史料，当时用于路牌广告的镀锌板，主要为欧美各国的进口

---

① 万启盈：《中国近现代印刷工业史》，上海人民出版社2012年版，第149页。

品，标准尺寸约为 1. 22×2. 44(米)，主要使用的是通过美孚洋行从德国购买的"SVOC"牌德国产的镀锌板材料，这种材料结实、经久耐用，从当时资料中看出此品牌的镀锌板是各个广告制作商经常使用的一种。① 民国时期的路牌广告尺寸各异，但基本上主要是根据进口的镀锌板的尺寸来制作的。

关于路牌制作步骤的分析，需要首先区分大型路牌和小型路牌。这里的"大"和"小"是相对来说的，主要依据是是否可以在固定场所加工完后安装还是需要现场安装，一般可以在固定场所进行加工的为小型广告牌，而由于体量较大，需在现场制作的为大型户外路牌广告。这两种形式的广告牌所使用的材质与前期的制作步骤、绘制方法基本一致。以常用小型路牌为制作参照：第一步是根据所要绘制的广告面积订制木结构的框架，这个基本工序简单，不再赘述，但是在这里需要增加一个结构，就是在木框架的背面预设金属挂钩，而且挂钩的大小、尺寸与现场木框架的宽度相吻合，以确保最后安装的便利；第二步是将已有的绘制基材——镀锌板钉在木框架上，由于镀锌板的基本尺寸在当时一般是 4×8 英尺(约为 1. 22×2. 44m)或者是 3×6 英尺(约为 0. 9m×1. 8m)，所以前期的木框架基本与广告等大，在镀锌板使用之前还需要去除镀锌板上用来防腐的油脂。这种小型的路牌可以在室内或者路牌工厂内制作完成，在制作的过程中，完成以上的步骤后，还需要将镀锌板去油后刷上白色的底漆，俗称"抄白漆"。② 等到白色底漆干透以后，将需要绘制的图样与广告图案通过手工画在白色的漆板上。对于小型的户外广告牌，在手绘之外，还有一种印刷的制作方式，这种制作方式类似于丝网印刷，只不过使用的是油漆代替油墨，也是制版丝网印刷，这种制作方法可以批量生产，专有的术语称其为小型"丝

---

① 上海档案馆档案，《资源委员会中央化工厂筹备处为发还美孚行剩余铅皮往来文书》，档案号为 Q42-1-663。

② 来自 2015 年 5 月上海市广告装潢公司退休员工杨圭华在采访中的回忆。

漆印广告牌"。① 而对于大型的户外广告牌(几十或百平方以上大小的广告牌)或者是在特殊位置的,如很高的楼宇、楼外侧、山边、水边等地方则需要进行现场制作与绘制。在制作大型的、几十甚至几百平方米以上的路牌广告时,除了要设置基础的土木工程外,还要设计小型的"画稿"或"样稿",由客户确认以后,再交由画工现场进行绘制,并根据能力大小进行分工,所有制作内容与小型路牌类似,只不过需要现场施工,并需要焊接铁架或安装脚手架等辅助装置,而在实际的绘制中,有一点是与小型户外广告有所区别的,即在绘制中要进行专业化分工,如最优秀的画工进行人物绘制,一般的画工绘制产品、文字等内容,而底色(漆)的填涂则由学徒工完成。这样制作的好处是一方面能提高效率,另一方面可以对个人擅长的绘制部分进行分配。同时,这些路牌广告所使用的绘制材质一般比较精良,且颜料也多为进口颜料,用来绘制户外广告也比较精美,能够绘制比较精细与逼真的人像、视觉效果等。颜色丰富且面积巨大的户外广告具有大面积传播物的属性,可以给广大受众带来比较震撼的视觉效果,以达到吸引眼光与宣传产品的目的。

对于小型的户外广告牌,在固定场所绘制完成后再进行现场安装。在安装之前,需要对路牌广告的支撑架进行安装,这个安装可以与路牌的绘制及其他前期工作同时进行。对于路牌的支撑架的制作属于基础木工的范畴,支撑部分需要埋入土中至少30cm以上。实地安装完支撑物之后,提前绘制完成的小型户外广告牌被运送到现场以后,直接将小型的户外广告牌挂在已经制作好的框架上即可(见图3-1)。而对于巨型或大型的户外牌,则需要另外直接到现场制作,包括基座的制作与表皮的搭建等。然后由画工依靠扶梯等工具,在铅皮上直接绘制。

---

① 上海档案馆档案,《荣昌祥广告股份公司董事会关于自愿争取走上高级形式国家资本主义申请公私合营的请示》,档案号为 C48-2-906-165。

图 3-1　20 世纪 40 年代户外标准广告牌

　　路牌广告在当时是最为流行与常见的一种户外广告形式，也是当时比较新兴的广告表现手法，不仅具有很高的利润也具有很好的宣传效果。这当然也与路牌广告以大面积图像为主的表现方式与宣传方式有关（见图3-2、图 3-3）。作为户外广告的路牌广告本身在很大程度上就是一种写实性商品图像的形式，它直接从商品销售属性出发，在图形语义上，从一开始就明确地将图像与商品信息等进行结合（包括招贴、电影海报、商品招贴传单）。这种设计主要由底纹或底色、图像（商品图像或美女等辅助图形）、广告文字三部分组成。在这三部分中，图形无疑是商品宣传的主体，而文字的表述则是商品信息的明确与指向。而路牌中出现的女性等主体形象，成为主要的宣传内容之一，人们对于这种以性别为主体的广告形式持有一种不可抗拒的"容纳"态度。女性认为拥有这种商品同样会变得美丽，而男性面对这种"诱惑"则表现出一种盲目的、错乱式的接受，这种促销行为在今天的上海商业广告中依然存在（见图 3-4）。

图 3-2　民国时期上海街头依托建筑的彩色广告牌①

图 3-3　20 世纪三四十年代上海街头大型路牌广告

① 1945 年飞虎队队员艾伦·拉森(H. Allen Larsen)用柯达相机拍摄。

图 3-4　20 世纪三四十年代上海街头大型路牌广告

3.1.2　招牌广告的新兴演绎

这一时期户外广告形式的全面发展，不仅表现在某几种新兴的户外广告形式的繁荣上，原有的户外广告形式在跟随时代转变过程中也得到了重新的诠释与界定，在制作的材质与方式上原有招牌的形制、内容、表现方式等方面都发生变化。我们可以通过表 3-1 中的内容，针对不同形式的传统户外广告的转变趋势进行对比与了解。

早在 19 世纪末 20 世纪初，各类西方洋行、商店的开设就已经将新的招牌形式带入上海，包括新的材质、新的设计形式与新的设计思路。在各式招牌中，变化最为直接与明显的是招牌上的文字内容的设定，首先是文字的多样性变化，传统的招牌、匾额中使用的都是中国传统书法中的各式字体，但仅有中文一种文字体系(见图 3-5、图 3-6)。随后，为了适应中西方文化的交融与行商便利，在文字的使用上开始采用中英文混排的方式。这种情况可以说是当时通商口岸的一种"特例"，在上海地区尤为明显。

表 3-1　上海传统户外广告形式(技术、材质、工艺)转变情况分析表①

		材质	形式	内容	位置
金漆 (招牌)		由原有的木质为主转变为金属、玻璃等材质,霓虹灯电气化等的变化	保留与脱离木质的底板并存,文字独立出现,字体出现多样化,中英文并用。单一招牌演变为多个招牌并置。形成立体化、多层化的表现形式	不再局限于原有"字号"等模式化的标题,开始出现近现代化的名称。如:公司名称、实业社等	延续但不再局限于正中、正上等位置。跟随建筑的高度升高、多样立体化
幌子	实物幌	部分仍保留多样化材质。一些行业专有幌的材质开始趋同	在一定程度上保留。但与布幌进行结合,原有的多样化的形式进行整合为文字幌为主	五花八门的行业所属的专有幌的样式开始趋同,转变为统一的字招、布幌招牌	开始与建筑的转变进行结合
	布幌	基本不变	整合原有不同的布幌的形式,以几种常见的、标准化、便于识别的形式为主。同时尺幅更大、同一商家的数量更多	趋向于统一,不在以某种商品的宣传为主,而是更多以商场、货场等整体商业促销内容为主,如早期的惠罗公司的"大减价"等标语	与原有位置相似,从外墙尽可能地向外伸出
砖墙广告(墙体广告)		单色的黑漆为彩色替代	由单色、左右对称转变为彩色的、带有产品图样的广告形式	由过去的传统行业转变为新兴行业的产品	由店铺左右扩展为专有的外墙。单色的简单形式由城市向乡村转移

---

① 传统户外广告的部分名称为了更为客观,以及体现时代特征,沿用了吴铁三的《上海旧式广告之探讨》(上海档案馆档案,档案号为 Q242-1-828)中的说法。

图 3-5　早期上海商街上传统形式的门头招牌

图 3-6　早期上海商街上传统形式的招幌

图 3-7　民国时期上海商街上中西文结合的福昌银号

　　这种情况延续到 20 世纪 30 年代的经济发达时期，很多外商为打入中国市场采用中英文混排方式，同时为了扩大商品销路，将商品更多地销售给在华的外国人，也在自己商号的招牌上采用中英文并置的方式（见图 3-7），甚至一些商家明知道自己的产品不可能销售给外国人，也在自己的招牌上添加英文（日文或法文、俄文），以满足人们当时崇洋媚外的心理与商品的认同感。另外，招牌、字幌的设置更为多样，不再局限于过去常见的木质匾额与"黑漆金字"的常见形式，而是利用近现代科技条件下的金属字牌、焊接等技术，将各式文字直接固定在建筑表面、顶部或结合企业、公司标识、标志、宣传语多样化地进行表现，同时结合其他户外广告形式如霓虹灯、跑马灯、招贴等一起使用。而招牌中字体的使用，无论是中文还是英文都经过简化与专门化的设计，都出现了很多专门的工商美术设计师设计的专门美术字体，用于印刷、招牌、布幔等多个方面，成为近现代上海户外广告中的一个部分。

　　民国时期上海还流行一种户外广告形式，即搪瓷牌广告。搪瓷牌的应用是各式户外广告中一种常见的广告形式，在民国初期，上海出现了引自西方的一种新式招牌形式，这种招牌多钉于户外，且表面防水，色彩鲜艳，虽经风吹日晒依然能够崭新如初，这就是当时引进中国的搪瓷牌，也被称为"搪瓷彩釉招牌"。这种广告牌是搪瓷经过烧制后而成，它具有鲜艳的玻璃光泽，防水、防锈且可以作为装饰使用，这种广告形式与以往传统的木制金漆的牌匾、招牌相比，不仅图案更为丰富，颜色也更加鲜艳。不过搪瓷牌也有自身的缺点，在当时来说只能烧制一面，但是木招牌却可以在双面刻字。陶瓷牌上由于制作的可操作性，内容非常广泛，可以将产品内容、经营品种、店铺规模、店主姓氏，甚至是店铺信誉、历史演进和店主的文化背景等内容的简要版——印上。① 这种广告牌形式新颖独特，而且防水，颜色丰富鲜艳多变，易于固定安装。很快很多国内的商店也开始采用这一形式，与店面招牌结合使用，成为当时户外广告中的一种常见形式。早期这种广告牌在国内还无法生产，很大一部分是纯进口的，如当时上海街头的壳牌公司、美孚石油公司的广告牌就是美国进口的（见图 3-8、图 3-9）。还有很多其他金属字牌也是依据西方的制作工艺与设计理念引进的户外广告形式，起到标识、识别的功效，但相对整体户外广告效果稍弱。金属字牌、搪瓷广告牌虽然在民国时期上海的户外广告体系中并不那么占据主体地位，但其制作形式却是可圈可点的，也算是多元户外广告的重要组成部分，它们与其他户外广告形式相互结合，共同构成了丰富多彩的户外广告体系。

3.1.3　现代科技背景下的广告形式

霓虹灯广告是由霓虹灯制成的广告。按照图样在煤气火焰上将玻璃管弯制成各种文字及图案，然后在玻璃管两端配制铜电极，使它真空后，灌注氖、氩等各种稀有气体，通过高压电源变压器发光。它可以安装在铁壳或木制底板上，或装在铁框、玻璃框上，也可悬挂在室内外或橱窗内。霓虹灯最初是由德国医药界发明的，它的发明者成廉·蓝姆塞（Rayleigh）与

---

① 黄玉涛：《民国时期商业广告研究》，厦门大学出版社 2009 年版，第 159 页。

莫律司·脱拉佛尔（Ramsay）二人①初次将其命名为 V10（"紫光"），供治疗疾病之用。后来法国的化学家乔治·克劳德（Georges Claude）与 Linde 将用于医学方面的氖气置于玻璃管内，通上电流后发现这些气体在黑暗环境下呈现了迷人的色彩，乔治·克劳德在美国获得专利。②

图 3-8　上海 20 世纪 40 年代壳牌公司招牌

图 3-9　上海美孚石油公司的搪瓷广告牌

由于霓虹灯广告是由玻璃管制成，并按照设计要求弯成各种文字和图案，然后在玻璃管两端配制电极（金属电极、芯柱、云母片等组成），抽出空气接近真空状态，根据工艺需要，在管内注入氖或氩等惰性气体，接通专用高压电源后发出各色可见光。这些步骤的制作与原理完全是基于现代科技条件与技术水平下的产物。所以，霓虹灯广告也是现代科技应用于广告的典型案例。

霓虹灯的设计与形制是近现代上海整体户外广告设计体系中一个特殊

① ［美］哥尔德、陈嶽生：《霓虹广告术》，商务印书馆 1936 年版，第 8 页。

② 刘建明：《宣传舆论学大辞典》，经济日报出版社 1993 年版，第 704 页。

的部分。上海当时的霓虹灯设计具有近现代科技的特征，在这方面上海霓虹灯广告与世界先进国家差别不大。在此一时期霓虹灯的设计上不仅数量众多、形式多样（从目前留存的文字记载与照片、图片中，可以获得多样的图片样式），而且在当时很多文献、书籍与资料中也对其进行了细致的研究、描述与总结，其中比较具有代表性的是《氖灯工业》第五章"氖灯之种类"："氖灯之种类，分室内及室外两大类，兹将分述如次。室外用之氖灯，摇摆式（swing type）或投射式（projection type）。"①后来，霓虹灯越来越丰富并且根据装置的不同演变为多种样式，尤其在民国时期演化为多项霓虹灯之最。

根据记载，霓虹灯刚刚出现的时候，其颜色与色彩都比较有局限性，而且变化很少，仅是将其作为商铺的固定招牌使用，供受众识别，但是在后期霓虹灯的技术与表现形式经过革新与改进之后，霓虹灯的光线不仅有不同的变化，而且可以通过分频器等特殊手段控制霓虹灯光，使其更加多样化；也可以利用光线的变化与闪动产生动态的图案，并与实际宣传的物品的外形进行结合，可以产生很多模拟真实物品的效果，更具有吸引力。一些商家，尤其是在夜晚营业的商店、酒楼、戏院、舞厅开始大面积采用这种装置，其色彩缤纷且极易吸引注意力，也会使消费群体产生对品牌或商家的信赖感，其中比较有代表性的案例是英美烟草公司旗下的红锡包香烟的广告。红锡包香烟霓虹灯广告制作得比较成功（见图 3-10），首先地点就选在了人群密集的"大世界"对面的高处，而且又利用铁架向上延伸到高处，在架子中间设置了一座大钟，利用时间与霓虹灯光线的结合，非常引人注目。这个红锡包香烟霓虹灯是 1928 年由美商丽安公司承制、英商颐中烟草公司安装在西藏路"大世界"对面、清虚道观门前的，除"红锡包"三个大字外，还有香烟一包，香烟由烟盒内一支支顺次跳出，最后一支是点燃着的香烟，烟头上还有青烟缭绕。这是 1949 年前上海最大的霓虹灯广告，

①　朱积煊、高维礽：《氖灯工业》，商务印书馆 1936 年版，第 2 页。

引人注目。① 这种动感十足的霓虹灯设计也许是 1949 年前最具有动态效果的霓虹灯广告形式了。

在民国时期霓虹灯的设计与应用中，有几个方面值得我们关注，如南京路上最为耀眼的夜间广告就属先施(美商丽安公司承制)、永安、大新、新新四大公司的屋顶霓虹灯广告，霓虹灯广告的形式彰显着上海的繁华。1949 年前上海最高的霓虹灯广告应属国际饭店屋顶上的"天厨味精"四字。② 此外其他的一些品牌，如蜂房牌绒线也用霓虹灯做活动广告，而且结合蜜蜂的形象，让人们看过去如同很多蜜蜂在夜幕下不停地飞舞，既有趣又能够达到市场宣传的效果。③

图 3-10　上海早期红锡包等产品霓虹灯广告

①　《上海通志·专业志》，http：//www.shtong.gov.cn/node2/node2245/node66046/node66062/node66243/node66247/userobject1ai61844.html，2007-12-08。

②　上海市文史馆上海市人民政府参事室文史资料工作委员会：《上海地方史资料(三)》，上海社会科学院出版社 1984 年版，第 136 页。

③　《上海通志·专业志》，http：//www.shtong.gov.cn/node2/node2245/node66046/node66062/node66243/node66247/userobject1ai61844.html，2007-12-08。

霓虹灯的安装基本是以铁架固定，然后根据实际情况安装在具体建筑物的表面，如果在设计与安置的过程中遇到霓虹灯广告牌的高度比较低，或者在安防中前后左右有房屋、建筑构件等遮挡的情况，则需要使用一些照明的方式以配合霓虹灯的使用；最适合的方式就是将其装在原有并不遮挡的招牌位置上。在当时霓虹灯的设计，考虑一些"人性化"的因素，也成为当时霓虹灯设计的一些准则，即当霓虹灯与建筑中住家的窗户冲突的时候，需要将霓虹灯光线发散方向冲向街面，尽量做到让霓虹灯光线远离住户的窗户，防止其光线在夜间干扰住户的视线。而且这些霓虹灯与广告灯的图样，可以依照招牌来设计与规划，尽量做到整齐统一且宣传效果明显。①

霓虹灯广告作为民国时期上海户外广告的重要组成部分，不仅使上海的都市商业氛围更加浓厚，更是其成为与纽约、巴黎、伦敦相媲美的"四大广告之都"的重要条件。

3.2　独特的城市广告空间的构建②

"户外广告场"是在民国时期上海都市中一种由户外广告聚集所组成的独特城市空间。这种广告场往往在某些商业繁华且交通便利的地段中，由大量户外广告(广告栏、临时广告栏、路牌广告等形式)高度集中后，由该地区的管理方统一规划所形成的户外广告发布与安置的专有区域。这个区域既是民国时期上海户外广告中特有的一种广告现象，也是民国时期上海

---

①　哥尔德：《霓虹广告术》，陈嶽生译，商务印书馆 1936 年版，第 16 页。

②　户外广告场最早在租界内出现，约为 20 世纪 10 年代，但其真正的盛行与发展则是在 20 世纪 30 年代以及民国后期。由于上海的"三方四界"的特性，造成了户外广告场由上海市公用局、公共租界工部局、法租界公董局分别建立，并分租给大型广告公司。1927—1937 年上海华界的户外广告场的设计、治理、规范等资料最为完整，本部分的研究也主要以此时期的华界作为主要研究对象。考虑到户外广告场在一定程度上可以看作由户外广告所形成的独特空间，主要放到本章内研究。当然根据具体研究需要，在其他章节也不排除有部分内容涉及。

城市空间的一种有趣的组成。

户外广告场的出现是多方面原因共同作用所致：其一，户外广告数量大幅增加且集中在某一繁华区域内；其二，出于因为政府或都市管理方自身集中发布信息与管理便利的需要；其三，户外广告本身的设计演变。招贴广告、路牌广告随着民国时期经济发展以后大量出现，上海的租界开始将西方的招贴广告以拼贴于木板上的形式引入上海，但这些以木板为底托的大型拼贴广告不能够经受风雨侵蚀，于是人们开始使用更为坚固与结实的镀锌板作为基础材质，并将其装置在木架上，用油漆绘制，这种大面积的绘制广告所具有的诸多优点很快受到人们的认可。随着招贴木板或绘制于镀锌板上的路牌广告的数量增多，在某些人流密集或街道、路边较佳的广告发布位置上集中发布，逐渐形成了广告发布固有化的场地。但数量过多以后产生了混乱，在各区域行政部门的行政管理与商业发展的自我协调中逐渐形成了在专有地块集中发布户外广告，即专有化户外广告场(广告场形式上主要以广告牌与招贴广告为主，在目前的研究中，尚未有证据证明广告场出现过其他广告形式)。其中租界内的广告场设置较早，但是租界地区的有关资料内容有限且零散，不能提供完整的记录与研究痕迹，考虑到当时具体情况的"近似性"以及华界的"模仿"①，以下就以华界广告场的变化与发展作典型案例研究分析。

目前所能查到的上海华界最早建设户外广告场记录，是1926年的户外广告场的续租档案(此档案是1926年的档案，但这份档案涉及1925年的内容)："呈为租地期满，请于展期续借事窃，大公广告公司于民国十四年五月一日向上海市公所(1925年上海市公用局还未成立，市政府管理部门被

---

① "过去的经验已经说明：公共租界什么时候增加广告税，南市区和闸北区的中国税务机构就仿照办理，上海工部局的行动已经成为先例被引用"(引自上海市档案馆：《上海近现代广告业档案史料》，上海辞书出版社2012年版，第27页)，这些情况不仅限于税收，更包括建设、制作、设计等形式方面的内容，包括公共租界的一系列公共政策与实践对于华界的"指导"作用以及华界的"借鉴"的情况，故以华界的广告场的设置类型、空间布局、广告场内容为研究参照。

称为'上海市公所')租借西门外方斜路中华路交汇处地皮一方,树立广告
牌订定四年为期两年……"①从此档案中看出,大公广告公司是租借地皮来
树立广告牌,因为这一时期还没有完整的广告场地与专门的政府管理,但
是已有大量连续广告牌,且其基本形式、方法与后期广告场建设、分租类
型并无明显区别。而且,从这份租借档案可以看出"续租"显示的时间是
1925 年,可以明确第一次承租的时间肯定要早于这个时间。按照后期一般
一年一租期的方式,应该是在 1923 年或 1924 年进行的租赁。这个时间也
与路牌广告真正出现、发展的时间相接近,由此可以认为这是华界广告场
出现的肇始。而在 1927 年南京国民政府成立与上海成为特别行政市后,设
立了专门的公用局。其中专门负责广告事务的广告科负责管理此项工作,
对于广告、路灯、水电、道路等进行细致的分门别类的管理,② 广告场的
设立也提到了正规城市规划与发展的日程上去,在"民国 19 年(1930 年)前
后,上海市政府公用局在斜桥装了一块铅皮路牌,面积为 10×20(英尺),
作为公共广告栏"。③ 这表明广告场的建设进入了正规时期,并进入快速发
展阶段,广告场数量和路牌广告数量已经非常可观。在关于大公广告公司
续租中华路三角广告场案的档案中,按"拟大公广告公司,呈悉应准继续
办理一年,其广告牌面积暂照一千三百方尺计算"。如果按照当时正常广
告牌的常用尺寸 10×20(英寸)、20×30(英寸),已经有相当大的规模了。
当然这还仅是其中一个广告场。这也从一个侧面说明城市户外广告的发展
以及广告场的形成,已经可以成为城市空间的一个重要组成部分。而且,
我们注意到广告场的一个细节,就是上海市公用局自己树立路牌,不再由
承包商树立。也就是说,在上海户外广告场的发展进程中,1930 年左右是
个转折点,在此之前是承包土地,即公用局(或上海市公所)划定上海市的

---

　　① 上海市档案馆,《上海市公用局关于大公广告公司续租中华路三角广告场案》,
档案号为 Q-3-3019。

　　② 关于公用局管理体系详见本文第四章。

　　③ 《上海通志·专业志》,http://www.shtong.gov.cn/node2/node2245/node66046/
node66062/index.html,2007-12-08。

区域与空间，将这个空间承包出去，如 1928 年广告场有关档案中说："以该公司所租三角广告场既经奉令期满取消，自应收回自办，唯因询据工务局声称该处地方约在其月年之后别有建设用途……"①而 1930 年以后，则是公用局自己划定区域，自己承办广告牌，再行出租。

到民国中期，户外广告场完全由公用局自办，且已经发展得非常成熟，而且分布得更为广泛。"据当时上海市公用局统计，1933 年上海 236处公共场所的广告牌已接近 4000 平方米，民用商业类的广告牌却占 216处，面积多达 3822 平方米。"②到 1936 年，上海市的广告场已经非常完善与发达。上海市公用局 1936 年度整理公共广告场经费案中："……到 1936年全市广告场 100 多处(仅在华界)，总面积达已达 3434 平方米。"③《十年来上海公用事业之演进》(1937 年 7 月上海公用局编)中描述：

> 先后在沪南，闸北等适当地点，设立公共广告场及党政军机关布告牌二三六处，面积共三九四五平方公尺，不特使用便利，广告效力提高，抑或对于市库收入，颇有裨益，兹将广告牌处数与面积，以及收入情形分列于表。④

广告场自 1928—1936 年每年的增长数量之大、速度之快对上海城市化与近现代化的发展起到突飞猛进的作用(见图 3-11)，户外广告场的主要户外广告形式基本以招贴广告、路牌广告、电影海报广告为主，这些因素集中出现，无论是在视觉上还是信息传播上，都丰富而多样化，户外广告场的合理搭建与这些广告内容共同构成对上海现代化都市空间的

---

① 上海市档案馆，《上海市公用局关于大公广告公司续租中华路三角广告场案》，档案号为 Q-3-3019。

② 陈丽、黄彪虎：《广告理论与实务》，立信会计出版社 2008 年版，第 74 页。

③ 上海市档案馆，《上海市公用局 1936 年度整理公共广告场经费案》，档案号为Q5-3-1621。

④ 上海市公用局：《十年来上海公用事业之演进》，上海市公用局 1937 年版，第 147 页。

引导作用。

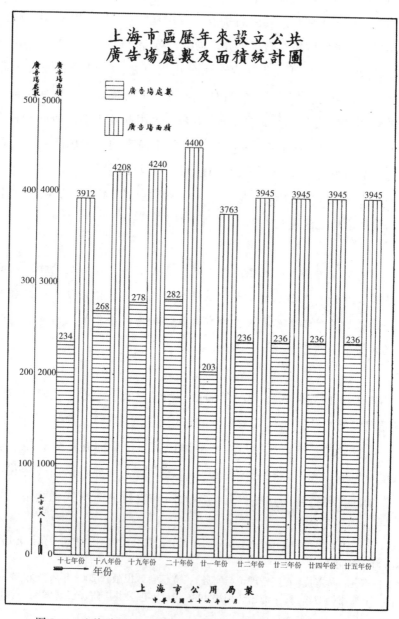

图 3-11　上海公用局 1928—1936 年统计公共广告场数量与面积

上海户外广告场的发展是具有连续性的，它的出现与延续贯穿于民国时期，即使是在抗战期间仍然存在。只不过在1937年到1945年间，日伪利用军事与政治势力成立了太平广宣广告公司，凭借日本的侵略势力"兼并"与限制了当时上海大部分民族广告公司与所属的广告场。当然这一情况在1941年太平洋战争爆发以后更为严重，其中原来英国、法国、美国、意大利等国主要的广告公司，如美灵登广告公司、贝美广告公司、克劳广告公司等的户外广告场地完全划为其有，档案显示：

> 根据党部来商，太平广宣公司移交清册中由该公司代表山本氏（原名山本顺正，太平广宣公司经理）证明敌在静安寺路，马霍路西及霞飞路、善钟路等共有广告牌25块，确系英商美灵登广告公司所有物……予以归还……贝美广告社有十块广告牌需要归还。①

在1945年之后，日伪转交的上海户外广告场的布局图为我们提供了上海几乎所有的主要户外广告场地分布，② 包括战前英商、美商等主要户外广告场。这也证明了在1937年到1945年之间，上海地区户外广告场只是处在一个特殊时期，但并没有消亡，而是在一定程度上维持了一定的"规模"。除了日伪太平广宣公司的广告场的"跨越发展"之外，民国中后期崛起的户外广告公司大户荣昌祥广告公司在这一时期力克各种艰难，由逆境而上，不仅带头与太平广宣公司进行抗争，而且自身还得到了一定程度的发展，当然也是因为这家公司得到了多家公司（如联合广告公司的支持等）为其提供的支持。③ 而到了抗战胜利后，上海商业广告重新繁荣，很多广

---

① 上海档案馆，《上海市公用局关于接收太平广宣公司广告牌（一）》，档案号为Q5-1-4。

② 上海档案馆，《上海市公用局关于接收太平广宣公司广告牌（一）、（二）、（三）》，档案号为Q5-1-4。

③ 关于荣昌祥公司的介绍详见第七章第一节，本节仅就涉及广告场部分进行叙述。

告场进行了各种程度的恢复与扩张。尤其以荣昌祥广告公司为代表的主要广告公司对广告阵地进行大幅度扩张并成为户外广告场的垄断者。其扩张方式主要有三种：一是通过竞拍接管原有的日本太平广宣公司的广告场地；二是在战争期间接管与收购原有的英美广告公司的广告场地；三是针对民国后期上海政府各类公用事业宣传经费不足的实际情况，荣昌祥为其免费制作广告牌以交换广告场地，这种交换的典型案例是全国航空建设协会上海分会安装宣传广告牌(1946—1948 年)的时候，其通过这个机会得到了当时商业繁华区域南京西路成都路口的广告经营权，建成了最为著名的草坪广告场地,①而这些广告阵地或商业使用的广告牌就作为荣昌祥的免费回报,② 并一直持续到 1949 年新中国成立以后。

户外广告场作为都市空间中的一种广告发布形式，一直是以"群体广告"的形式出现的，所以户外广告场是一个城市的空间部分，也是户外广告牌的"母体"。这样广告场中的广告牌与路边零散的广告牌就产生了区别，在广告场中的路牌广告等形式更多地强调统一性与整体性，强调管理的秩序化与管理的便利性，它设立的目的就是为了有条不紊地进行管理。这一点在由当时政府主导的广告场中更为明显，如 1937 年治理后的十六铺码头广告场的图片，广告场中广告牌摆放规整、排列整齐，每个单独广告牌的大小、尺寸、高度、形制都经过了统一的规划，而且在广告牌的正上

---

① 上海档案馆，《中国航空建设协会上海分会关于装用广告牌问题与有关单位的来往文书》，档案号为 Q50-2-20。

② 这些广告场的建设虽然获得一定的成果，且是根据当时市政府的要求完成的，在一定意义上是帮助当时航空协会进行公益宣传的"义举"，但荣昌祥及其经理王万荣在实际的操作中也有一些违规行为，比如在给予的地段中将公益标语放置得极小，而商业广告则非常巨大。"经与荣昌祥广告公司洽定由该公司装置不收费用，由本会(中国航空建设协会上海分会)允让一部分地为漆制商业广告以资补贴，经查在南京西路成都路口外墙之旁建筑航建广告牌时亦未提及宣传航空建设……大部分实为商业广告。"这是档案 Q50-2-20 中关于违规操作的一部分描述，可以看出荣昌祥广告公司的广告场建设中存在一些违规的地方，但也证明，其不惜在重要的城市路口违规建设广告场的意图，从一个侧面说明了当时广告场与城市建设、空间设置的密切相连。

方还有广告公司名称的铭牌。

这里需要明确一点，自上海特别市成立以后，针对不同的需求产生了不同类型的广告场的样式设计。这种广告场的细化区分在 1929 年 2 月 22 日上海市长张定璠签署的《修正上海特别市广告管理规则》第十七条至第五十一条中进行了明确，分别为"公共广告场""特许广告场""临时广告场"三种类型（见表 3-2）。[①] 其后的多次广告管理规则中都进行了相同的划分，分别是 1931 年 12 月 31 日张群市长签发的《修正上海市广告管理规则草案》第十七条至第四十九条、1932 年 8 月 9 日吴铁城市长签发的《上海特别市广告管理规则十八年二月二十二日修订公布》第十七条至五十一条，都对以上三种形式进行了阐述，分别对应着不同的户外广告设计类型与效力。综合以上资料，我们总结出三种代表性广告场的特征、内容、区划、规格等内容。广告场是针对民国时期出现的不同类型与功能的广告而区分的，虽然有所区别，但可以看出三种类型的户外广告场除了本身的作用外，还通过自身的设计与整合对上海的城区统辖、广告发布起到了整合的作用。而这种政府类型的广告场发展到民国后期，制作上更为统一与精良，更具有现代设计意识与城市空间修补作用。民国后期的广告场整体感很强而且美观大方，其将不同的广告牌与大规模的木栅格相连，而广告牌的柱头与边框也更为简洁与实用，能更好地凸显广告内容（见图 3-12）。在一些主要广告牌上还加有夜间灯光照明以延长广告时间。在当时广告场图片中存在各个类型尺寸的广告牌，按照分析广告牌尺寸应该是以 20×40（英尺）的最多，这也是当时比较流行与常用的尺寸，除此之外还有很多常用的尺寸如30×20（英尺）、45×60（英尺）、10×30（英尺）等。当然由于商业的利益追求外，广告公司往往最大限度地利用空间，制作广告牌时会在一定程度上灵活处理，这一点从 1945 年之后日伪太平广宣转交的户外广告场布局图可以

[①] 上海公用局收文第 4609 号，1929 年 2 月 22 日。转引自上海市档案馆：《上海近现代广告业档案史料》，上海辞书出版社 2012 年版，第 338 页。

看出,① 广告场中各种牌子的型号大小各异,甚至在中间的下方还有一个横置的细长的广告牌,这种情形在早期政府主导的公用广告场中是不会出现的,而在 1945 年后广告公司主导的广告场却时常出现。当然这样做也确实做到了空间的最大化利用,根据民国后期的广告场的图片,我们可以看出在后置的广告牌前面,一些立体化的雕塑广告、立体化的广告也被置于其中,形成前、中、后景的多层次、多层级的广告分布与放置。当然,广告场中的设计形式也是广告商经过考量与思考的,虽然广告内容很多,但对于整体广告效果来说,并没有产生不良的效果,而且与城市环境的结合也比较融洽,一定程度上成为都市空间中一个非常特殊的"公共艺术"空间。

表 3-2　　　　　　　　民国时期上海华界三种广告场的特征

广告场 名称	建设允许	规格	内容	地点
公共 广告场	公用局建 设之特许	每一方尺为一位, 每一位为一号	油漆广告; 揭布广告(寻人、 寻物、招租)	在合适地点建造,必要时需 经招商办承办
特许 广告场	人为建设 之特许	每一方尺为一位, 每一位为一号	油漆广告; 商业揭布	在街道旁建设,依靠墙壁建 设,依附屋顶建设
临时 广告场	公用局指 定之特许	最大 24 方尺为限	木板; 露布揭布广告(包 括官方的通告等)	任何建筑物建造期间,所设 篱笆围档均为临时指定广 告场

---

① 上海档案馆档案,《上海市公用局关于接收太平广宣公司广告牌(一)》,档案号为 Q5-1-4。

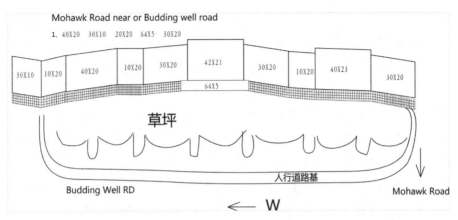

图 3-12　20 世纪 40 年代上海大型特许广告场广告牌示意图(作者根据上海档案馆
档案 Q5-1-4《上海市公用局关于接收太平广宣公司广告牌(一)》绘制)

　　上海广告场是依托户外广告的聚集所产生的独特上海城市空间，不仅是上海都市塑造过程中一个特殊的环节，也是上海户外广告价值与力量的体现。这些广告牌在某一个区划中相互连续，形成片区，成为一种特殊的广告群。

　　广告场的设立除了对于户外广告的整体设计与发展起到重要作用之外，也是上海工商美术重要构成部分与促进方式。第一，广告场的设立开启了广告税收的正规化，这就剔除了原有粗制滥造的小广告，而且在收费规定中，明确了不同等级户外广告的收费标准，这样就要求不同户外广告要提高的设计水平符合所付出的经费要求(很明显，自民国中期之后，各式的户外广告设计更加成熟，也更加注重艺术性、审美性和商业性的结合)。第二，促进商家在原有的商业广告基础上，进一步寻求新的广告形式，如其发广告社 1928 年的租赁合同中有："取缔凌乱张贴及日渐减少，颇有逐渐改用油漆广告之趋势。"[①]由于广告场中各家广告公司的广告集中在一起放置，必然相互影响与相互学习，甚至会产生"攀比"的心理。这样的广告牌密集布置可以集中进行广告宣传比较，设计风格无论是迥异还是

---

　　①　上海档案馆档案，《上海市公用局关于其发广告社承租沪南广告场案》，档案号为 Q5-3-3016。

相似，都可以为地区整体环境的美观提供商业广告之外的审美感受。第三，规范整体的户外广告环境空间也尽可能将区域环境进行规整化，成为早期整体公共空间与环境的整治的样本。第四，广告场对于城市和广告本身的发展融合有促进作用，因为广告场与建筑、街道、公园、楼群不同，它完全是由商业、商品发展为动力所形成的独特户外公共城市空间。

对于上海的整体城市环境来说，这种形式具有一种崭新的意义。因为在民国时期的多种广告形式中，只有户外广告可以凭借自身的特点，利用大面积的街边、路边、街道转角等广告牌的大量组合构架出城市中新出现的空间组合元素，大量的路牌广告相互连接，在城市街道边形成一种新的城市空间，与城市中的绿地、围栏等组合，或为遮挡在建建筑场地，或为美化城市区域环境，或为大量集中发布广告，其在很大程度上起到修补城市空间、构成城市有机组成部分的功效（见图 3-13、图 3-14）。

图 3-13　20 世纪 40 年代中国广告场

图 3-14　民国后期的临时广告场①

3.3　户外广告所牵引的城市化认知与感受

3.3.1　商业广告与文化的触碰

广告是商业的，但也是文化的。茅盾在《子夜》开篇中这样描写老上海的城市面貌："太阳刚刚下了地平线。软风一阵一阵地吹上人面……叫人猛一惊的是高高地装在一所洋房顶上而且异常庞大的 NERO 电管广告，射出火一样的赤光和青磷似的绿焰：LIGHT，HEAT，POWER！"②在民国时期上海的城市广告圈内，文人广告自新文化运动之后就不停地充斥于现代文人队伍中，无论是对于广告界还是对于文学界来说，二者似乎都无法摆

---

① 　其广告牌背后为空地或即将建设用的工地，这种形式的户外广告场，不仅起到了广告宣传的作用，还起到了美化城市环境的作用。

② 　茅盾：《子夜·茅盾选集(卷一)》，四川人民出版社 1982 年版，第 1 页。

脱文学与广告之间存在的千丝万缕的联系。"中国新文学正是在广而告之的吆喝声中拉开了帷幕，文坛也随着广告变得生动起来"，① "可以这么说，新文学字产生之始，就一并伴随着新文学广告而同时发生的，这个发展是新文学发展中一个历史见证"。② 在这一方面，新文学作为民国时期中国现代文化组成部分，从它进入市场后，与新商业结合下的"文学广告"就产生了，并成为当时文坛(以上海为主)中的一个风向标、晴雨表，③ 呈现着中国现代文学的曲折走向和复杂内容。同样，我们仍可在文学的基础上，认为这也是五四运动影响下的"新文化商业"的典型表现，渗透着新文化语境的广告，体现在户外广告上则表现为另一种依托方式。纯粹文人参与的广告，虽然很多是局限于对于文学作品、著作的推广，但是无意中为当时的广告界、上海商业环境增加了巨笔浓墨的文化色彩。如果说这些纯粹文人的参与成为重要的商业文化支撑，那么既是广告人又是文化编者的"广告学人"(如林振斌、陆梅僧、张爱玲、孙科等)和既是文人又是设计师的"文人设计师"(如庞亦鹏、李叔同、徐百益)的参与则更加明显地提高了上海广告圈的文化分量。他们的文化分量等在本质上并无不同，只不过是术业有专攻而已。鉴于户外广告身处户外的特点，广告字句相对于其他文字广告要更为简练，且需要与图像配合，并突出图像，利用图文关系更加明确地表现出产品本身，所以对于户外广告的字句斟酌要尤为简洁明了、直指文意，拿捏得准确与否更是一种精妙的"设计行为"。如当时林振斌翻译的中文"可口可乐"、戏剧家徐卓呆为惠民奶粉拟的广告标题"不要工钱的奶妈"、徐百益为老晋隆洋行的"燕医生补丸"换包装写的广告语"换瓶不换药，加粒不加价"等，还有其他不知名的广告人的广告语"一毛不拔""吸烟就吸××烟"等，都被应用到了户外广告中，并起到了非常不错的宣传效

---

① 甲鲁平：《文学广告与中国现代文学关系的初步考察》，山东师范大学 2002 年硕士论文，第 2 页。

② 彭林祥：《新文学广告与作家佚文》，载《读书》2007 年第 1 期，第 77 页。

③ 具体内容详见孙文清：《广告张爱玲：一个作家成长的市场经验》，中国传媒大学出版社 2009 年版，第 45 页。

果。户外广告的商业属性中的文化特征是具有多元性的，其中商业文化的传播是一个非常重要的特征，它通过户外广告向消费者传递商业文明中最为明显的价值属性与使用属性。这种属性不仅对普通消费者产生了巨大影响，还影响了前文所说的冰心那样的名人，当然这些名人在户外广告宣传的角度下，也都是一样的消费群体，仅是消费层次与能力有差别而已。

3.3.2　摩登化都市的认知

近现代上海的先进与发展过程必然带有一种"洋化"，这种"洋化"在当时是脱离封建社会的一种进步与发展，体现在这种大幅的广告画中就必然带有一种典型的"崇洋"风格，如："……胡忠彪画风较洋化，迎合当时崇洋风尚，后为上海标准味粉设计的'九味一'味精包装，用的也是洋美女头像。"①如果说这些摩登的广告画在中国其他城市中也有出现的话，那么上海当时特有的大型户外广告场则是上海城市近现代化发展过程中最为重要与具有代表性的摩登化城市空间组成部分，动辄十几幅或几十幅首尾相连，组成"墙"一般的高密度集中的大幅路牌广告，一度使人感觉这个城市的空间就是被这些广告牌来布置与分隔的，而且高低错落、应接不暇的视觉信息强迫人们开始感受这个城市交叉存在的、混乱的且具有明显城市特征的视觉符号。而招牌广告图形中大量欧美元素的使用，包括欧美的商品、包装、服装、语言甚至是绘画模特说话的姿势、口气、发型，无一不是西方国家的元素，但是这些舶来物在当时非常流行，充斥了整个上海的大街小巷，人们不仅接受了这些西化的元素，而且争相攀比与模仿。最值得一提的是那些20世纪30年代上海影院中几乎与世界同步的电影海报、电影宣传广告，不仅树立于广告场中，而且树立在各大电影公司的门头，利用高高耸立的霓虹灯打破夜的黑色，既体现出对摩登城市的仰慕，又是现实生活中可以接触到的东西，这些类型不一的户外广告几乎从每个方面

①　《上海通志·专业志》，http：//www.shtong.gov.cn/Newsite/node2/node82538/node84939/node84942/node84972/node84974/userobject1ai87025.html，2007-12-08。

彰显着上海的"摩登"。

除广告画、路牌之外，以百货、销售为代表的商业活动带动着经济的发达与户外广告的联动，成为当时流行文化的又一种表现，也为城市提供了必要的"时髦"文化与城市特质。就像我们在探讨都市机能与构成时，不可避免地涉及百货公司、商店、旅馆、餐馆、舞厅、电影院、游艺场等都市娱乐、文化机能，而这些机能所体现的就是近现代都市的文化和都市生活中的摩登化认知。这些以商业为基础的各种都市娱乐、文化机能的具体化，将上海变得更加舒适与丰富。① 而所提及的这些城市生活形式，都需配以宣传彰显自身的户外广告来共同作用。具体来说，无论是高耸在楼顶上的广告招牌，还是可以照亮与闪烁于夜空的走马灯、霓虹灯，抑或是精细绘制的"公共壁画"般的大幅广告牌，这些广告形式都如同在城市中述说一种生活方式与认知态度。这种基于户外广告设计、信息、图形的具有影响力的"表白"将上海描绘成一个美轮美奂的城市，也将上海带入了充满摩登化表现的空间内。在此，无论是来华的外国人还是寓居于上海的本国人，无论是人们诧异的眼光，还是一知半解的遐想，都通过对各种繁华的户外广告招牌形成的第一印象将上海的"阴冷"与"灰暗"全部自动地进行剔除，只接受这个城市呈现出的最引人入胜的第一直观感受。当然在客观上，上海所存在的为了促进消费而采用的百货、娱乐、商品等的户外广告也的确促使上海的都市生活变得更为美好、丰富与舒适，当然这种感觉是针对有消费能力的上海官员、商人、买办、地主以及新兴的资本家阶层、都市中间阶层的。他们在各种招徕顾客的促销、大减价的广告招牌中，享受着当时具有现代气息的明码标价的做法，以及受过教育、具有较高文化水准的女店员的服务，不仅满足了生活需求，更成为接近欧美国家的摩登都市文化和都市生活的体现。② 同期，以招牌、霓虹为代表的繁盛时期的

---

① ［日］菊池敏夫：《近现代上海的百货公司与都市文化》，陈祖恩译，上海人民出版社 2012 年版，第 8 页。

② ［日］菊池敏夫：《近现代上海的百货公司与都市文化》，陈祖恩译，上海人民出版社 2012 年版，第 11~12 页。

户外广告更推波助澜了这种感受，如 20 世纪 30 年代南京路上的新新公司的霓虹灯广告就彰显与强化了一种摩登都市氛围。新新公司安放在建筑最高处高达 70 多米的广告已经超出了正常地面观看的视域，要在很远处或借助其他平台才能看到，而这种夜晚照亮天空的情形不仅是户外广告的代名词，更是上海与其他城市并肩为广告之都、世界先进城市的"独特城市气质"的显现。正如日本学者加藤秀俊的表述：中国人创设的上海百货公司附加了各种各样的娱乐机能、文化机能，与西洋的"百货公司"和日本的"百货公司"都不一样，创造出具有"上海特色"的商业文化世界。①

这些让人浮想联翩的户外广告存在于这个城市中，通过各式的图形、文字、霓虹的表现，向城市、向人们传递这些现代化的都市信号。在这些各式各样的户外广告中，有的是疯狂渴求的动力，有的是对于世界一角的窥探，也有的是一种对虚幻生活的向往。当这些印象都成为人们对于上海独特气质的感悟时，上海的摩登也就自然显现了出来，如在民国后期抗日战争刚刚结束的时候，很多美国水兵滞留上海期间，看到这里上映着几乎与美国同步的美国电影，看到自己熟悉的家乡产品的广告时，于是在这些广告画前纷纷合影纪念，他们感受上海的摩登也体味着类似自己家乡的感觉，通过这些广告画感怀思乡之情。这一切从当时的著名记者杰克·伯恩斯留下的大量的户外广告摄影作品中可以看出，这些户外广告构成了上海独特气质的一个部分。

3.3.3　消费的软化与刺激后的辨析

户外广告的核心目的是销售商品，商业的价值是其根本属性。在近现代化的嬗变中，上海人的意识虽比当时全国其他地方更为先进与前卫，但毕竟是接受了几千年封建思想的熏陶，人们对于商业社会这种"一切向钱看"的意识与生活方式在一定程度上并不完全认同。但每个个体都生活在

---

① ［日］加藤秀俊：《都市和娱乐》，鹿岛研究所出版会 1979 年版，第 173～174 页。

这个时代转变的空间下，不得不接受这种以商品化变更所带来的生活方式，无奈屈从于"金钱为先"的新理念，任凭一切以利益为先的衡量标准左右着人与人之间的关系。这让几千年来长期受重农抑商、孔孟之道洗礼的人们在一定程度上难以适应；在面对每日无休止的大减价、商品销售聚集的近现代化都市商业氛围中，人们莫名地深陷于世界变化所带来的一种不安全感与无所适从的状态，加上西方殖民者的直接入侵，时时地刺激着每个人的内心深处。在这种矛盾与莫名的焦虑过程中，面对商品社会与工业文明组成的近现代化的上海，人们需要一个桥梁来缓冲这些不安的感受。而这时的广告，尤其是户外广告通过不同的表现形式——招贴广告的彩色印刷、路牌广告大面积的色彩鲜艳的商品信息、广告牌上半裸的美女形象、霓虹灯下红色的诱惑将所有过于直白的销售与商品信息进行了另一个层次的"二次表述"。这种表述的过程似乎不是引诱受众购买，而仅是对信息进行一种非常"轻盈"的传达。户外广告对于普通消费，不仅具有消费的"软化"作用，还具有更为深层的商业代言人的属性。现代商业的一个特征就是要拉动消费、刺激消费，模糊对货币数量的顾虑与担心，但这种赤裸裸的货币交易行为，需要一种更为隐晦与合理的介质来代替。户外广告的出现在不经意间隐藏了这个露骨的商业目的，通过精细的设计、诱人的色彩、商品图样的再现等，很好地柔化与调节了人们的视觉、消费、商品、货币、需求等各方面的因素。通过各种户外广告形式，动态、静态、绘画、文字、写实、夸张的表现形式达到了这一点，这种看似一种无用的浪费，但实际上它的另一层巧妙的作用与功效是对商品的金钱归属的本质进行了一种美化，在不经意间将"商品—金钱—所有者"的过程进行美化。而且这个美化过程还具有一种长期持久性的影响，因为户外广告一天 24 小时树立在都市的主要位置，带给人们更为强烈的暗示与明示，面积巨大的图形配以极其少量的文字，让人基本没有认知障碍，也就减少了消费障碍。

　　但这些内容也需要一种辩证的分析，一方面，人们可以通过消费与广告的接受达到社会的认同；但另一方面，都市商业广告除了带来一系列文明与进步的信息外，也带来了西方的消费价值观，助推了泛滥的商业行为、商业广告,对当时人们的品位、审美、欲望、道德都产生了冲击。大幅的户外广告在宣传商品信息、传达商品功能与属性的过程中,也吸引人们认同其宣传的功效与价值观,看得多了,就造成了当时人们的一种不可抗拒的伪乐观情绪(这种情绪一旦受挫就又会转化为悲观情绪,使人备受挫折,丧失努力的耐心与信心)。在广告的世界里,某种减肥药可以让人尽情吃喝而不担心肥胖,某种服饰可以让人瞬间进入精英阶层。广告所提供的理想生活和平庸生活之间,仅有一步之遥,跨过这一步既易又难,就是消费,不需要任何的努力与耐心,但没钱就办不到……这种由广告带来的西方价值观对世界产生了类似的影响。① 这里可以看出,户外广告的优异与优越,在通过艳丽的色彩、裸露的舞女、诱惑的商品图形吸引大众之外,本质上所呈现的是一种并不针对大众服务的浅显的认知,而且这个认知并不是真正的"大众化设计",仅是"大众文化"而已。它所带来的影响更多的不是实际的需求满足,而是一种欲望的引诱与紧随其后的压制。对于真正的大众来说,这种大众艺术形式不是"纯化"愿望,而是压抑愿望。由这些目的所引起的户外广告对于这些产品的过度宣传,在一定程度上已经超出了人们正常需求的范围。在民国时期的上海,虽有"风花雪月"与"阳春白雪",但更多的仍旧是广大百姓与市民阶层的生活。他们每天的生活更多的是挣扎在生活、住房、食品等最基本的生活线上,这种过度夸张、直接的广告形式在一定程度上也是受众心理发生扭曲与变化的根源,正如孙科在《广告心理学》中写道:"并须令阅者发起购买此种物品之欲念,或觉得有必用此物之需求,故新式之广告,不仅在使人知卖广告者有物待沽,实在劝导阅者之来买其货品,实言之,广告之用意在制造阅者之欲念而已。"②这种大幅的对商品本身写实性的展示,也是一种强迫观看,吸引了更多社会生活单调、信息匮乏的中下层人群,人们对于户外广告所表述的商品的渴望与追逐,通过美术、设计、广告语等多方面元素进行重新包

---

① 范勇鹏:《这个世界会好吗?——中国式保守主义的省思》,载《读书》2016 年第 7 期,第 17 页。

② 孙科:《广告心理学》,载《建设》1919 年第 1 卷,第 1 页。

装与定位，深入到不同社会阶级中去。所有看过的人即使没有能力消费，但感觉并不遥远，也不陌生，甚至会假想自己在未来能对商品进行消费。这种感受是通过户外广告无差别的位置、地理环境、设计内容所体现的，是其他类型的广告形式所无法相比的。

◎ **本章小结**

民国时期上海的城市水平、经济水平发展到一定程度后，商业发展背景下的广告行业的整体发展形成了一种专有设计语境。这种设计语境绝不仅仅是当时中国、上海的艺术家以及工艺美术家的自发所得；相反，其是在西方文化背景下的思维、理念传入中国、经过交流、整合后所得，且是在整体的西方商业美术的影响下不断内化为一种自我更新与自我完善的过程。这种语境的形成是多方面复杂变化的产物，但其中的规律性与形成条件并不能为我们所忽视。这一方面是因为本土商业文化受到西方文化冲击后自身所产生的变化所致；另一方面是由于西方文化在进入中国以后所产生的适应与妥协。这些内容不仅让上海户外广告设计语境更为复杂，也从经济、政治之外诠释了当时上海户外广告设计的发展多样性与整体社会的适应关系。对这种关系的分析是整体户外广告发展的总结，也是户外广告发展到一定高度、成熟到一定程度的体现。而经过融合的设计形式、设计理论、设计意图、设计理念所形成的节点，正是在社会发展、经济运行、设计实践丰富发展的高度上的交叉。对这些交叉之处的内容分析不仅有助于我们更好地理解户外广告设计的特有化理念的形成，也从另一个角度验证了其对于社会的表现力及价值。

第4章 户外广告对应的管理与设计影响

20世纪以后民国时期上海的户外广告在经过无序的发展与"繁盛"后，形式上变得更为多样，种类更为丰富，数量也大幅增加，但这也造成了这一时期广告内容与种类的混乱，以及发布与安放的无序，不仅导致了各类型户外广告之间的干扰与羁绊，也导致了整体户外广告设计与运行的混乱。然而，城市的早期管理方对户外广告这种新兴行业的快速发展未能进行有效的引导与管理，这种"疏漏"无论是在华界还是租界都有所存在。但随着对这些弊端认知的深入，以及整体社会、经济良性发展的要求，租界约在20世纪10年代、华界约在1927年逐步在各自行政管理范畴中增加了相应的对策与负责部门，通过法律、法规、税收等政策的牵引、协调与取舍，规范相关商家户外广告的发布、制作、安装等设计相关内容。这些举措的根本目的是为了管理户外广告的发展与运行，但客观上也的确在一定程度上对户外广告的设计导向与良性发展起到了作用。在确保商业、投资、设计、居住等客观因素的正常运行后，也让我们从另一个角度认知到这个时期上海户外广告的设计形式、设计要求与设计规范等内容。对于户外广告这种以户外"公用""政府"资源为主要依托的设计形式来说，这种"管理要求"与"设计服从"之间的联系更为密切。所以，认知这段时间的管理内容，对于了解户外广告设计形制、设计样式、设计成因有非常深层的重要意义。此外，在辨析各方户外广告的管理的同时，也要看到当时的户外广告设计与设计管理一样，都带有一定的时代局限性与片面性，在客观分析的过程中，仍需以一种辩证的姿态进行研读与对待。

4.1　民国上海户外广告发展后的状况

上海近现代的户外广告是伴随开埠而渐次出现的，由于户外广告的形式简便易行，宣传效果明显，成为当时厂商进行竞争的有效手段，导致广告的竞争很快就变得混乱不堪，加之后来路牌广告等其他不同形式的户外广告出现，造成了户外广告的安放位置、形制大小、广告内容等混乱不堪。最为混乱的区域首先出现在公共租界，因为公共租界作为当时上海经济、商业文化中最重要的构成部分，其户外广告的竞争已经到了非常混乱、惨烈的程度。而 20 世纪 20—30 年代华界商业的不断崛起与发展，不仅引入了西方的户外广告形式，也出现了各种户外广告的弊端，这种情形与租界地区类似。面对这些混乱，为了规范户外广告，也为了城市环境的良性发展与有序规划，户外广告治理在各个管理方的主持下开始走上正轨。

4.1.1　缺乏统一的布局

在上海各商家将西方成熟的促销理念与商品宣传方式逐步带入中国的过程中，户外广告首当其冲，在适应时代发展的过程中也逐步形成了自己的产业体系，产生了专门经办户外广告的商家和公司。这些商家和公司为了获取利润，也迫于竞争压力，大多尽可能地对不同形式的户外广告进行最大化发布，使其在数量与形式上得到提升，尤其是英美烟草公司的香烟、日本的药品都用现代的印刷术印成五彩招贴，在城市中张贴。甚至有的公司以每天几千张以上的规模张贴广告。一时间，在公共租界主要的路口、街道转角、墙壁铺满了各种招贴广告与各种户外广告牌。而摆放位置也是见缝插针，对城市面貌、环境卫生、居民生活、市政道路管理等方面造成了很大影响。这种情况无论是在租界区域还是在华界区域，都处于泛滥状态。据史料记载，20 世纪初期上海的招贴广告应用广泛且设置手续简便，价格便宜，因此被到处张贴。比较常用的如戏院宣传使用的各式"海报"（这里是指早期戏院的宣传材料，制作主要以红纸书写金字戏目及艺人艺名，强调宣传内容，与后期西方电影所使用的精细绘制或剧照为主的海报还有所区别），它们被一遍遍地张贴于墙面上，往往是原有的招贴未除既又张贴新的戏院海报，风吹日晒后就干结在一起，偶有大风吹落，被上海的一些贫苦的流浪者捡到后，甚至当作被子使用以御寒，号曰"金花棉被"。① 虽然也有正规广告社或公司经过认可与正规途径张贴的广告，可一旦出现也很快被其他类型广告所覆盖，而且早期这些广告由于设计理念有限、制作粗糙、绘制不考究，往往并不好看。后期彩色印刷技术稍有改观，但是纸张材质还有不能经风雨的缺点，而且广告内容一旦浸泡之后则内容模糊、无法辨识，而色彩也随着水流流淌到墙面上，即使有如此多的缺点，纸质广告仍被大量张贴与应用，成为当时户外广告的普遍现象。如英国人美灵登在《上海之户外广告》一文中称："本市通衢，则路牌广告，触目皆是，甚至有若干区域（如静安寺路），路牌之盛，反较住户为多，足见户外广告之趋势，竟令刊登广告者封之，大有过多之嫌。"②在路牌广告、霓虹灯广告出现后，由于存在缺乏整体管理、布局混乱的情形，到处是乱置的广告牌，霓虹灯电线也出现布线混乱与电源电路到处乱接的现象，而这种混乱的情况在管理松懈的华界则更为突出，需要指出的是，1927年以后，随着上海经济的快速发展原有的户外广告混乱的问题愈发突出。而以新兴交通工具为载体的广告形式与霓虹灯等"高科技"广告形式的出现，叠加了新的问题与原先未解决的问题，在缺乏统一管理与整体规划的空间中恣意发展，如大量绘制的简单、做工粗糙的墙面广告和篱笆广告存在于上海整个市区的很多墙面上，内容混乱，"这实在对于公众和私人都是一种妨碍。"③

---

① 平襟亚、陈子谦：《上海广告史话》，参见上海市文史馆上海市人民政府参事室文史资料工作委员会《上海地方史资料（三）》，上海社会科学院出版社 1984 年版，第 137 页。

② ［英］美灵登：《上海之户外广告》，载《广告与推销》1936 年第 8 期，第 53 页。

③ 叶心佛：《广告实施学》，中国广告学社 1946 年版，第 26 页。

4.1.2　广告内容的庸俗与虚假

在经济、商业等方面的繁荣影响下，传统文化思想、固有认知观念支离破碎，反映在商业、经济上就导致很多无良、违反正常道德观念的商品堂而皇之地充斥市场。一些有识之士意识到这种处于任何环境下都不"和谐"的情况，从不同方面进行抨击，美国学者霍塞（Ernest Hauser）总结说："上海的道德低落是世界无匹的。这和上海的特别气氛、上海的个人主义、上海的贪得无厌是有连带关系的……"①从 1910 年工部局总办 J. B. A. 麦金农致《新闻报》经理函中，可以明确看出刊登所谓"中药下流广告"的事情以及对这些违章处理的意见，同时在接受处理名单中还附上了当时比较具有传播影响力的《申报》与《天义报》等著名报刊的名字，② 可见这种情况的普遍性与严重性。这种情况也可以从 1925 年中华职教社创办《生活周刊》（后由邹韬奋主编，销量迅速上升，至"九·一八"事变时，销量至 8 万~12 万份，创当时全国杂志发行量的纪录）中看到另一种端倪，邹韬奋对广告的管理非常严格，并予以非常细化的规定，如影响传统基本道德的广告不予刊登，凡是具有夸大效果、过于招摇的广告不予刊登，凡是涉及各种性病药品的广告不予刊登，凡是有名不符实的医生的广告不予刊登，甚至对于一些商品广告中能有国货替代品的就不予刊登进口的广告。③ 当然，我们从这个侧面却可以看出当时广告刊登的内容恶劣，而且大多数广告商并非都如此自律。户外广告也成为这一情况的"帮凶"，很多狎妓、治性病、赌博等类型的招贴广告疯狂出现在城市的大街小巷。这时招贴广告价格便宜、张贴便捷的优势反而成为这一类型的广告内容传播与扩散的"有效手段"。同期，对于处于城市不同地理位置的路牌广告来说，其宣传的效力也为广告商所发现，遂出现了很多类似内容的路牌广告。但与招贴广告所

---

① 　[美]霍塞：《出卖上海滩》，越裔译，上海书店出版社 2000 年版，第 190 页。

② 　上海市档案馆：《上海近现代广告业档案史料》，上海辞书出版社 2012 年版，第 18~19 页。

③ 　穆欣：《邹韬奋》，中国青年出版社 1958 年版，第 136 页。

不同的是，路牌广告相对于招贴广告来说稍显"正规化"，一些实在庸俗不堪的广告内容不能公开，但这些内容在合理纳税后以正规方式公开地进行宣传的现象仍难以避免（见图4-1）。

图4-1　20世纪30年代民国上海街头"非法"医药广告路牌①

---

　　① 美国记者福尔曼拍摄。需要说明一点：虽然此幅路牌广告的宣传内容不堪，但从图形设计、广告设计角度，此幅路牌却颇有特点。针对广告的诉求点——"梅毒""淋病"的治愈，图形与文字结合，采用了非常饱满的构图方式，视觉上有一定冲击力，而在画面最为重要的左上角，采用了与当时美国电影《金刚》类似的主题物，彰显猩猩这类动物所代表的力量与产品功效。文字呈左下到右上斜挂式排列，与图形结合得很有力量，在右下角安排了一些简短的广告语，既起到了平衡画面的效果，在内容布局上也显得恰到好处。考虑到此广告牌上称本产品为"德国制作"，这个广告很可能是由西方设计，由国内制作、加工、安装。

而其他关于各式赌场、博彩、妓院、鸦片馆等的招牌广告在这一特定时期之内，无论是在租界还是华界，只要进行了正规登记都属于"合法"企业，都可以以各种形式出现在上海的大街小巷，这种早期的粗放式管理无疑助长了广告庸俗与虚假问题。徐百益曾经回忆到：民国时期，上海不仅是西方殖民者进行淘金与冒险的乐园，更是一个声色犬马的场所，而对应的则是中医治性病的各种药品广告大行其道。不仅如此，其他所谓的"合法生意"的广告也充斥市场，如"赛狗场"（赌场性质）之类的广告就堂而皇之地挂在电车前后招摇过市，穿行于上海都市中，而到了 1937 年之后，日本侵略者所操控的妓院、烟馆的霓虹灯广告更是无所顾忌，这些广告形式反而成为一种社会特殊行业的代名词。①

由此可以看出，当时各式户外广告的一种副产品就是视觉信息的混乱与误导，而由此引发的社会问题与时代局限性在一定程度上也是户外广告的"发达"所造成的。

4.1.3　恶性竞争带来的互相破坏

在西方商人的强取豪夺与民族资本的竞争中，不同公司、不同国家、不同利益代表的西方资本的内部也存在矛盾与分歧，同样，在民族资本内部，由于利益、理念、出发点不同，也有不同的声音。但在这个过程中，民族资本与西方资本的竞争显然是最为明显与根本的商业"冲突"。这些竞争的交织反映在户外广告的宣传上，造成了不同背景、不同利益体之间只要存在利益冲突就存在户外广告的竞争。如当时以招贴为主的户外广告形式就已经多到了泛滥的程度。广告招贴一般是以几十张的数量连续铺设，只要是能看到的空墙全部予以覆盖，导致很多建筑物看不到正常的外墙，也导致华商与外商之间关于"广告位"的争夺。② 这种情况在同期的《盛宣

---

① 徐百益：《中国广告发展简论——1982 年 2 月在中国广告学会成立大会上的发言》，参见上海广告协会《徐百益文集》，未正式出版，2012 年印行，第 23 页。

② 上海社会科学院经济研究所：《英美烟公司在华企业资料汇编（第二册）》，中华书局 1983 年版，第 701 页。

怀未刊信稿》中也有记载：西方各商家招徕生意，全部都是依赖于各式广告的宣传，尤以各式户外广告最为主要，大公司如英美烟草公司等的广告更是将其手段用到极致。墙面、街角等凡可张贴的地方，几乎到处糊满广告，而后起的华商的广告，也经常被英美烟草公司之广告所覆盖。① 除了简单的相互撕毁、覆盖招贴之外，还有其他各种形式的户外广告竞争，如1915年南洋烟厂的飞机表演宣传现场，英美烟草公司派人携带巨型风筝，下挂"三炮台"广告，但由于其未能入内，只能在远处宣传，距离远，人们只能看清"三"字，误认为是"三喜"香烟，反而促进了该香烟的销售。②

这种厂商之间的竞争，其实也存在于广告代理商之间。早期上海的主要广告商是克劳广告公司、美灵登广告公司等外商公司，很多户外广告业务为他们所垄断，但是价格昂贵，而很多后起的广告公司，如民族企业荣昌祥广告社经过不断完善，不仅将成本降低，而且能够制作出更优质的广告牌，从而获取了相当多的市场份额。③ 但这些竞争很大程度上并没有受到必要的管理与约束，很容易形成负面的竞争。而且由于当时广告种类的重复与模仿，同一类型的广告出现多家类似的制作公司，这种竞争也在所难免。针对此种情况，虽然租界在广告发展与管理方面有自己早期的管理条例，如要求各公司必须领取照会始准粘贴，而且公共租界与法租界各分畛域，不许越界乱贴；但实际情况却是并没有取得明显的效果，而且在上海的复杂环境中，租界的管理没有和华界一起运作，所取得的效果并不明显。这种整体的无序化需要在租界与华界多方的努力下才能够共同克服。面对这些情况，租界与华界地区开始了针对户外广告设计、制作、税收、发布、放置等的一系列管理措施。

---

① 北京大学历史系近现代史教研室：《盛宣怀未刊信稿》，中华书局1960年版，第30页。

② 1915年8月15日简照南致简英甫函，转引自[美]高家龙：《中国的大企业：烟草工业中的中外竞争(1890—1930)》，樊书华、程麟荪译，商务印书馆2001年版，第107页。

③ 上海市档案馆：《上海近现代广告业档案史料》，上海辞书出版社2012年版，第574页。

4.2　户外广告的管理与特征分析

4.2.1　租界对于辖区户外广告的管理

公共租界、法租界所属的区域内经济与通商发展得较早，户外广告管理混乱的问题也很早就摆在了各租界面前。面对这些问题，租界很早就进行了各种形式的约束与管理，这种自我管理与修复要早于华界地区的管理，其中商业地段更为集中的公共租界的管理更具典型性。

一、公共租界的管理

公共租界对于户外广告设计的管理主要是通过其管理部门实施与进行的。1854 年由英、法、美共同设立的工部局(后期法国退出并成立法租界单独的管理部门公董局)，其具有租界内各项市政事务的管理权、行政权、审批权。工部局总办统一管理，其下设了不同的分管部门。① 在 1865 年英美成立公共租界以后，延续并细化了各部门的分属与职能，对户外广告的管理并不是由单一部门负责，而是根据所涉及的内容不同由各部门分别审议。例如，工部局的工务处主要负责审核户外广告的设计、设置、经营内容的申请、场所安放等内容；捐物股主要负责户外广告的税收；巡捕房主要负责户外广告所引起的交通、治安、行人安全、广告设施的保护等方面问题。在后期，由于户外广告形式的增多，还增加了火政处等部门负责霓虹灯广告的安全审评，卫生处负责卫生等公用事业的户外广告的张贴等。

---

① 　根据刘惠吾主编《上海近现代史》上册第 172 页，"工部局执行机关的最高负责人为总办，下设总办处、万国商团、警务处、火政处(即消防队)、卫生处、教育处、财务处、公共图书馆、音乐处、华文处等机构。总办处由总办负章，协调各处的工作。"第 172～173 页，"警务处统辖租界的警察，下设行政处、缉捕股、特务股、各警区办事处、各区捕房、武装后备队、法庭及律师办事处等机构"。此外，第 173～174 页，"工务、卫生、教育等处，则分管市政建设、医疗防疫、办学等事宜。"

工部局总办协调并做最后的决定。其中工部局工务处、巡捕房与捐务股是户外广告管理中的主要负责部门。

在公共租界的户外广告管理中，招贴问题最先成为关注的对象。租界内的各种招贴问题由来已久。商家制作招贴广告的以烟厂为数最多，各药店、戏院也利用招贴广告来介绍药品及戏目，后来的电影公司每逢新片上映也张贴招贴以做宣传。1913 年，工部局检查了街头各种招贴，乱七八糟的有损城市形象问题引起了关注，但工部局没有任何法律依据去管理招贴。在法律顾问罗佛特的建议下，工部局董事会决定向粘贴招贴广告的广告牌征收一种特殊广告税，借以达到管理招贴的目的。① 但征税措施并没能改变在墙上、电线杆等处乱贴不雅招贴的现象。1921 年 7 月 5 日，财务处处长建议，工部局应严禁乱贴招贴，除非贴在董事会允许的适当的板围及车站上。但只要广告商按照不同地段以每平方英尺价格计算并交纳特别广告捐后，就可在临时围篱或墙上作广告。② 1927 年，财务处、工务处、警务处处长再次提出了控制招贴和市招问题，董事会认为唯一安全和合法的途径仍然是为管理广告制定一个新的附律，但实际上一直没有付诸行动。③ 而对于广告牌的管理，1905 年，一些租界内的洋行就篱笆和围栏、建筑物墙上所设置的招贴广告牌向工部局申请张贴。为了方便管理，工部局专门发放了张贴许可证，但是要求张贴广告的几家洋行必须遵守规定且承诺广告牌不能够占用与侵占公共街道。这些规定看似合理且有据可依，但是在后来的实际操作中，根本无法确保执行。工部局不得已在同年的 11

---

① 上海档案馆档案，档案号为 U1-14-3253、U1-14-3259、U1-14-3266、U1-14-3267、U1-14-3268、U1-14-3269、U1-14-3271，其中全部是工部局对这一时期广告牌管理的相关内容总结。

② 上海档案馆档案，档案号为 U1-14-3253、U1-14-3259、U1-14-3266、U1-14-3267、U1-14-3268、U1-14-3269、U1-14-3271，其中全部是工部局对这一时期广告牌管理的相关内容总结。

③ 上海档案馆档案，档案号为 U1-14-3253、U1-14-3259、U1-14-3266、U1-14-3267、U1-14-3268、U1-14-3269、U1-14-3271，其中全部是工部局对这一时期广告牌管理的相关内容总结。

月 16 日发布了一项规定，要求所有招贴广告未经工部局工程师批准均不得进行，但并不包括房屋建造过程中作为保护性围栏而建立的广告牌。1914年左右为了应对更为复杂的户外广告情况，在 3 月 20 日的纳税人大会中进行审议并决议，授权工部局向那些在房屋上做广告的相关的土地使用者，以及建立广告牌的用户征收广告特别税，按照不同地区，税率为每平方英尺广告每年 0.2 两到 5 两不等，在实际征税过程中基本上是向广告代理人征收。1916 年 3 月 20 日公共租界纳税人会通过修正决议案，每平方英尺广告税率每年 0.05 两至 5 两不等。随着电动广告牌、"骨架式"高空广告牌的出现，特别广告税征税对象扩大为所有广告牌（包括电动广告牌及广告画），根据这些广告设置的位置，每平方英尺收费 0.1 两至 50 两不等。这些管理措施被执行到了 1930 年 6 月 17 日，工部局又颁布了关于广告板围和广告牌特别条例，对非建筑工地周围的广告板围规定如下：凡报请颁发许可证者，应按照工务处处长的要求，呈交有关广告牌设置地点、尺寸大小、材料、施工细节和加固方法的设计图纸和说明书；任何地方的广告板围或广告牌的任何部分离地面的距离分别为不得超过 25 英尺，不少于 18 英寸；离屋顶不得超过 25 英尺，不得少于 2 英尺；广告围挡或广告牌的任何部分不得伸到工部局道路以外。民国中期，大约在 1934年，工部局又制定了有关管理招牌的规定，一同并入建筑物及广告牌章程中。而一些比较特殊的广告形式，如风筝广告、横幅广告等一直没有得到批准。①

　　根据以上工部局的管理措施，可以总结为户外广告在公共租界的管理

---

　　①　此内容根据以下资料总结而来：1）上海档案馆档案，档案号为 U1-14-3253、U1-14-3259、U1-14-3266、U1-14-3267、U1-14-3268、U1-14-3269、U1-14-3271，其中全部是工部局对这一时期广告牌管理的相关内容总结。2）《上海通志·专业志》，http：//www. shtong. gov. cn/node2/node2245/node63852/node63861/node63962/node64495/userobject1ai58041. html，2008-12-07。3）上海市档案馆：《上海近现代广告业档案史料》，上海辞书出版社 2012 年版，第 259~262、266~289 页。

是自 20 世纪初开始逐步走向成熟，并规范为两种主要的管理模式。其中第一种是直接制定户外广告的管理办法，即工部局根据前期调查情况，直接制定户外广告管理条款。如工部局于 1914 年 3 月开始制定相关的户外广告的管理制度，① 一直延续到 1941 年日军接管工部局前，共发布了 10 多项专门的户外广告管理制度，针对户外广告设计、制作的各方面形成了一整套的管理与税收制度。这些制度是在征求纳税人意见以后，由董事会审核发布，这种制度为户外广告的管理提供了必要的依据。第二种管理模式是在户外广告经营主的申请与要求之后，由工部局根据广告主的要求来调整户外广告。第二种管理模式就涉及公共租界对于户外广告的申报与管理流程的施行。虽然在工部局的记载中并没有专门针对这种户外广告管理流程的描述，但根据现有资料考证：这种管理流程一般先由申请人发函致工部局总办处说明申请事由，再附上设计图例或样本。然后，由总办处依据内容分发给各相关部门审核；各部门审核内容后，说明其同意或不同意的理由，并回复总办，最终由总办处统一进行回复（见图 4-2）。其中比较完整的案例是 1933 年 12 月 12 日上海电力公司副董事长兼总经理希尔德致工部局总办钟思函，② 提出工部局的卫生处在其电线杆上张贴广告导致各种类型的广告过多，希望工部局巡捕房等进行有效的户外广告管理。工部局总办钟思于 12 月 13 日分发给工务处、警务处、卫生处各处长函，③ 征询该事的处理方法与意见，15 日工务处处长哈珀致总办函，建议电力公司设置铁制或木质且具有一定装饰性的电线杆,这样张贴的广告（专指卫生

---

① 上海市档案馆：《上海近现代广告业档案史料》，上海辞书出版社 2012 年版，第 96 页。

② 1933 年 12 月 12 日美商上海电力公司副董事长兼总经理 W.S 希尔德致工部局总办钟思函，转引自上海市档案馆：《上海近现代广告业档案史料》，上海辞书出版社 2012 年版，第 64 页。

③ 1933 年 12 月 13 日工部局总办钟思致工务处、警务处、卫生处处长函，参见上海市档案馆：《上海近现代广告业档案史料》，上海辞书出版社 2012 年版，第 65 页。

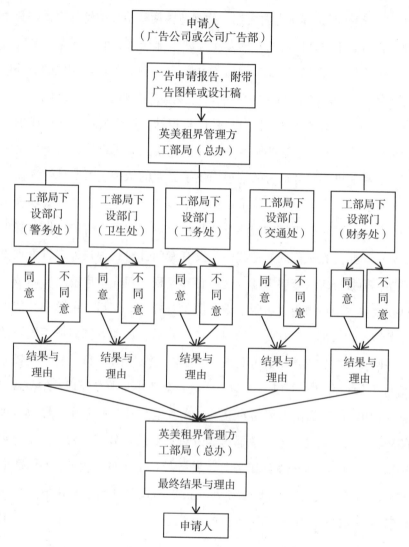

图 4-2　公共租界对于户外广告经营主的申请管理流程图

处与警务处的通告①) 不会影响市容。20 日，警务处处长杰勒德致工部局

---

①　1933 年 12 月 15 日工务处处长 C. 哈珀致工部局总办函，参见上海市档案馆：《上海近现代广告业档案史料》，上海辞书出版社 2012 年版，第 65 页。

总办函,① 认为所有张贴广告的地方都会引起交通堵塞,建议全部去除,以便于巡捕房的工作,这明显地显示出警务处对于此事的态度与工务处的不同。12 月 22 日卫生处代理处长致工部局总办函,② 强调卫生处张贴的公益广告还是很有必要的,建议工部局劝导电力公司允许这种公益广告形式的存在。工部局总办综合了各方意见之后,回复上海电力公司,③ 将通过警务处与工务处的合作来共同处理与解决电线杆上过多的广告,而对于具有公用性质的卫生处等部门的通告,还是希望其共同协商保留,并说明了其作为公用的理由。

英美租界的管理方工部局除了制定了一系列的广告管理办法之外,还进行了一系列集中化的广告管理。如英美租界为了便于广告管理与集中发布,开创性地逐步建立了路牌广告的发布场所——广告场(这种集中发布广告的形式很快被华界借鉴,具体内容可以参见第二章第三节),户外广告场的设置就是为了将原有的零散的广告(路牌、招贴等广告的发布与规整)进行统一管理,并增加税收。1927 年 7 月英美烟公司致工部局函称:"特别广告税:虽然这项税目的收入很少(根据史料中的后期统计该收入处于逐年增加态势),但是该税继续完成它的目标,即制止租界居住区内不堪入目和遭到反对的广告。本年度预计有广告招牌、广告场地和广告牌,税收可达 6285 两。"④由此可以看出,租界对于户外广告的管理其实就是对户外广告商或广告发布公司的管理。当然,在租界一向以"为商业计,为

---

① 1933 年 12 月 20 日工部局警务处处长 F. W. 杰勒德致工部局总办函,参见上海市档案馆:《上海近现代广告业档案史料》,上海辞书出版社 2012 年版,第 66 页。

② 1933 年 12 月 22 日工部局代理卫生处处长 W. K. 邓斯库姆比致工部局总办函,参见上海市档案馆:《上海近现代广告业档案史料》,上海辞书出版社 2012 年版,第 67 页。

③ 1934 年 1 月 22 日工部局总办钟思致美商上海电力公司 W. S. 希尔德函,参见上海市档案馆:《上海近现代广告业档案史料》,上海辞书出版社 2012 年版,第 68 页。

④ 上海市档案馆:《上海近现代广告业档案史料》,上海辞书出版社 2012 年版,第 27 页。

财产计……以求设属地政府"①的指导思想下，工部局尽最大可能地与广告商进行不断的沟通与管理，平衡户外广告与公用事业之间的关系，保证正常的工商业的运行与发展。如当时提到的幻灯片广告、广告塔、电光广告柱等，这些在西方国家的普遍且重要广告形式，但是在上海租界却被禁止，一直没有出现在上海的街头，除了牵强的影响交通、卫生的理由外，我们仍可以看出，这些管理者已经没有精力或意愿去接受那么多的科技文明所带来的五花八门的户外广告新形式。

二、法租界的管理

法国与英、美等国都属于西方资本主义国家，所以法租界与英美租界所产生的广告形式也有一定的相似性，其中对于辖区内户外广告的管理也是从招贴开始。1901 年公董局制定招贴章程，对招贴征收捐税，征税范围包括：①剧院张贴的演出节目海报；②写明中医姓名、地址的招贴；③出售药品的招贴；④为一些中国商行做宣传的商业招贴；⑤通知开船时间的招贴；⑥通知某些寺庙内举行仪式的招贴；⑦出租或出售房屋的招租单、贴在无人居住住房百叶窗上的招贴；⑧贴在烟馆内部窗上或钱币兑换店内以吸引顾客的招贴；⑨贴在里弄进口处并指出在这条弄内有某个商行货栈的招贴；⑩外语教师招收学生的招贴。鉴于剧院的海报经常更换，公董局特将捐税改为按一定时间收取的审查费。而同年 4 月 1 日起，公董局开始对张贴在公共场所的中文招贴实行监督并征收印花税。规定凡是张贴在公共场所的中文招贴，其样品应交警务处总巡办公室审查，如没有发现有伤风化和破坏公共秩序的内容，一般在缴纳规定的捐税和贴上印花后可以批准张贴，并且在招贴上应写有印刷商姓名、地址及招贴制作人姓名，违章者将被起诉，捕房巡捕负责检查章程的实施，撕坏毁损招贴者将被罚款或被起诉。1927 年 7 月 21 日，法国领事署十二号令又公布了关于招贴的章程，管理范围扩大到有欧洲文字的招贴，并调整了捐税税率，每 100 张收

---

①　王臻善：《沪租界前后经过概要》，北京国际公报社 1915 年版，第 8 页。

取印花税 3 元。不满 100 张的按 100 张计算。1930 年 1 月 1 日，公董局为增加收入，又调整了招贴捐税及印花税，① 而在 1938 年 6 月 16 日，代理法国驻沪总领事奥琪发布了关于设告白(招贴)章程的第二一九号署令，禁止在不动产或车辆上贴广告。禁止撕扯或遮掩已批准招贴的告白。由张贴人撕掉或由于气候变迁损坏的告白残余应由张贴人扫除掉，不得丢在马路上。

　　相对于招贴广告的管理，法租界对于招牌广告的管理则更有针对性。早在 1869 年法租界公董局就颁布了《警务和路政章程》，其第十三条规定，华人店铺应将招牌挂到距地面不低于 2 米的高度，以不妨碍街沿上的交通往来。1910 年公董局《公路、建筑等章程》又规定：悬挂在人行道上的招牌，应至少离人行道地面 2.25 米高，至少要有一块招牌用法文书写。随着上海特别市成立后，1928 年 7 月 28 日，法国领事署公布的《招牌和灯光广告章程》(第 102 号署令)规定，禁止在公共车行道上设置招牌，禁止用公共房屋、公共路灯电杆、特许公司设的电杆等设施支撑招牌，禁止设置具有淫秽内容或违反法租界统治的文字的招牌。广告商设置的广告需提前设计申请图样，申请图样包括招牌的图案、建造的图案、显示招牌在墙上位置的图纸、显示招牌的高度、与人行道的距离的图纸等具体设计实施方案，供审核与预判。1938 年 6 月 16 日，根据具体的情况，法租界还发布了不同设计招牌章程的相关规定(217 号署令)，要求辖区内的户外广告设计中的招牌制作承包商必须向公董局工程处提交申请要求与申请图样。在此要求以外，还进一步规定广告业主须呈报户外广告所依搭房屋业主的正规同意凭证，说明户外广告在正常使用期限内，该房屋或驻地的业主同意接受法国公董局或其人员的一切管理行为与约束条件等。由于法租界内商家林立，对于部分商家的招牌也发布了细化的制作要求与税收要求，如招牌广告高度的设置，最低处不得低于距人行道地面 2.5

---

　　① 具体做法：审查招贴样本的捐税，不管招贴尺寸大小，都为 1.5 元。印花税，尺寸为 0.5 平方米以下者，每 100 张征印花税 1.5 元，每 100 张征印花税 3 元。尺寸为 1 平方米以上，每 100 张征印花税 4.5 元。

米，而招牌向街道一面的伸出部分最大不得超过人行道宽度的 1/3 或在
1.2 米以内。

法租界对于户外广告的管理也进行了其他更为细致化的管理，其中
对于灯光广告的管理是细致化管理中的一个典型。在 1928 年 7 月 28 日，
公董局在招牌和灯光广告章程中对灯光广告的管理（102 号署令）做出了
规定：禁止在公共车行道上设置招牌和灯光广告；灯光招牌应保持牢固
的良好状态和清洁状态，而且还需要从安全的角度出发，对于所设置的
灯光广告需要装有防止坠落的安全装置；同时规定了灯光的使用功率。
1936 年，法租界发布了捐税税率，用以规范灯光等广告的收费与管理。①
1938 年 6 月 16 日，法租界规定：关于广告牌管理的规定也适用于灯光
广告。法租界还根据发光广告的设计特点发布了发光招牌广告的税率，
规定各商店门前的发光招牌兼做广告，应一并视同广告牌且按规定收税。
发光广告牌的半年税，按半年度广告牌的税额增加 25%；文字使用法语
的捐税减半。

法国的公董局对于租界内的广告管理，基本细节、管理方式与公共租
界类似，虽然法租界在一定程度上对公共租界的管理制度与方式有所模
仿，但整体上还是坚持自己的一些原则，即在公共管理中重视公共广告宣
传，尤其是对卫生方面的宣传，而且法租界区域内更多地执行了法国人生
活宜居的理念，重视居住环境与生活设施的建造，所以在其辖区内商街与
商户数量一方面相较于公共租界少，另一方面都是一些小型且装饰精良的
商铺。而且，这些商家自身也比较自觉规范自身的商业经营与各式广告行
为，这对当时法租界公董局的管理也是一种减轻压力与更为省力的方式。
这样公董局的一些管理方式就可以相对简化，在辖区内对所有不对行人构

---

① 灯光广告收审查费 1 元。设在人行道上、固定在一块面积不超过 1.5 平方米
板上并显示商店、公司名称的灯光招牌，突出准线不超过 0.2 米，不收捐。人行道上
或人行道下的灯光招牌，不突出准线 40 厘米以外，每 1 平方米每年征收 28 元，2 平
方米每年 49 元，超过 2 平方米者每增加 1 平方米增加 14 元；而对于突出准线 40 厘
米以上的广告牌，价格更高。

成威胁及不损害环境美观的广告牌的设置一般不予反对。如 1941 年 9 月 8 日，丽安电器公司申请在霞飞路某咖啡馆安装上海啤酒公司灯光广告牌，拜尔药品公司申请在上海大英大药房和信谊大药房安装灯光广告牌，均得到公董局的同意。[①]

公共租界与法租界在管理方式、管理方法上的相互趋同与借鉴，所产生的管理结果与过程也相似；整体来说，公共租界的管理相对成熟，并波及法租界与华界，尤其对于法租界来说，影响比较明显，很多法租界的管理方式与管理流程与其相似，这也成为我们研究中概括性、综合性分析的依据。双方在管理中对于户外广告的管理是融合在整体的广告与其他事务的管理中共同进行的，这些管理方式与内容在很大程度上成为当时进行户外广告设计的另一种必须遵守的规则。这些规则既有硬性的表现，也有在实际处置过程中经过分析得出来的方法，成为我们认知当时户外广告管理及户外广告设计的重要影响的一个方面，其基本的管理思路也通过商业优先的原则明确了设计类型与设计种类的应用外延与表现，如当时社会中所申请与提及的一些新奇的户外广告表现形式，大多并未通过，但是广告钟的形式却得到认同并得以应用，甚至还影响到华界地区，华界广告钟设置的类型与形式等因素在很大程度上模仿了租界的设置。此部分对于租界户外广告设计管理的分析与研究在对于华界的研究上也起到一定的借鉴作用（见表 4-1）。

---

① 以上内容根据以下资料总结而来：1）上海档案馆档案，档案号为 U38-4-1111、U38-4-1129、U38-4-1126，其中全部是关于法租界管理这一时期广告牌的相关内容总结。2）《上海通志·专业志》，http：//www. shtong. gov. cn/node2/node2245/node63852/node63861/node63962/node64495/userobject1ai58041. html。3）上海市档案馆：《上海近现代广告业档案史料》，上海辞书出版社 2012 年版，第 262～265 页。关于此处引用的说明：上文中关于广告租界与法租界的管理，具体管理内容部分参考了《上海租界志》中的部分内容。这些部分的引用是为了客观呈现公共租界与法租界的管理形式与管理方法，在此基础上，才能进一步分析其特点与户外广告的内容。

表 4-1 　　　　　　　　　 租界地区户外广告 (部分) 管理方案一览表①

1914 年 3 月 20 日	公共租界纳税人 大会会议决议	通过第六号决议，除了承认第五号决议 (征收房捐) 外，对于在房屋上做广告的土地使用者以及建立广告牌，站的土地使用者每平方尺收 0.2~5 两的广告税
1916 年 3 月 20 日	公共租界纳税人大 会会议修正议案	基本内容同上，税收价格改为每平方尺 0.05~5 两
1921 年 12 月 13 日	工部局工务委员 会会议记录	对于法兴印书馆提出在新世界建立广告塔的申请进行否决，建议改为西藏路和北京路路口，并征求警务处的意见
1927 年	法租界公董局广 告牌章程 (1927 年开始执行)	1. 广告牌只能树立在本区，东：法租界外滩 (今中山东二路北段)。西：萨坡赛路 (今淡水路)。南：法华民国路等 (今人民路)。北：浦柏路等 (今太仓路西段) 2. 需向公董局提出申请 3. 需得到产业主的同意 4. 广告内容需审核，不得有伤风化或危害公共安全 5. 临时性广告牌与长期广告牌价格 (略) 6. 广告税提前缴清 7. 加盖公董局收讫印记 8. 广告牌左下角应有公司名称或公司的法人代表 9. 广告牌需固定安装。但不允许固定在公共工程或建筑物上 10. 树立广告牌的一切意外事故需要自己承担责任 11. 所有提交的广告样品由中央捕房留存 12. 公董局捕房负责执行 13. 违反者为了免予起诉，可处以一定罚金 14. 故意拆除或破坏广告牌者，处以 1~10 元罚金，或向法院起诉 15. 公董局对广告牌损坏概不负责

---

①　此表中的尺寸均为英制，管理时间与会议名称未作改动，管理内容在尊重原文基础上根据实际幅面有部分简化处理。所选内容参考了上海档案馆的 U1-14-3253、U1-14-3259、U1-14-3266、U1-14-3267、U1-14-3268、U1-14-3268、U1-14-3269、U1-14-3271、 U1-2-480、 U1-4-3817、 U1-14-3251、 U38-4-1115、 U38-4-1111、 U38-4-1113、U38-4-1126、U38-4-1129 档案以及上海档案馆编著的《上海近现代广告业档案史料》第259~290 页。

1927 年 7 月 27 日	工部局财务委员会会议记录（摘录）	英美烟草、克劳等六家公司联合反对增加广告税
1929 年 6 月 4 日	工部局交通委员会会议记录（摘录）	对于星发洋行关于公共汽车站广告柱的设计、安装方式以及安防区域条件的回复
1930 年	工部局办法广告牌照样本	1. 建立时不得占有公路阔度三尺 2. 建筑材料妥当坚固 3. 所搭洋与上海电气公司电杆、电线以及电器三尺内，需在三日前申报方可 4. 规定施工时间，晚十点至第二天早六点不许施工等 5. 在施工地点设立围栏，晚间设有照明烟火 6. 施工中不甚引起各种损害的，一律由施工方承担 7. 因建设广告牌引起马路或边路重新修整者，费用由领照人负担 8. 不得影响周边地区 9. 不得建造执照以外的工程或标记 10. 违反申报图样、章程的可以吊销执照 11. 需拆除的期限与需遵守的拆除日期
1932 年 7 月 1 日	工部局布告第四二五五号（为修改广告费价目表事）	1. 申请执照费每张 5 两，更换新执照费（每半年一次），每年一两 2. 广告费，每半年预缴一次，每方尺价格：①外滩、南京路、静安寺路、四川路、愚园路等每年钱银三钱；②以上各地电器广告每年钱银二钱；③其他各处广告每年钱银一钱
1933 年 12 月 8 日	工部局布告第四四二八号（为修改广告费价目表事）	由两、钱等货币单位改为元、角、分等单位
1934 年 3 月	工部局关于建立广告建筑物和广告牌的特别条例	1. 未获得建造许可证的不可建造户外广告牌。工部局有审核权利 2. 建造者需呈交图纸、设计说明书、建造地点、尺寸、材料、构造细节以及固定方法

续表

		3.　显著位置放置建造人或公司以及许可证日期
		4.　建造广告牌不许高于地面 24 尺、不许紧邻建筑物下方屋顶水平面或女儿墙 20 尺以上。这类建筑物底部离地面至少 18 尺，或邻建筑物下方屋顶水平面或女儿墙至少 2 尺。需有建筑物透明网格。安装在墙上不受此限制，但是须紧贴墙面固定、广告牌不许高于墙头或四周
		5.　施工方需按工务部要求维护，并承担相应赔偿责任
		6.　不缴清费用者，工部局下令拆除广告建筑物或广告绘制品
		7.　留出必要通道
		8.　墙上绘制广告不受限制
		9.　建筑工地广告牌的要求另行处理
		10.　先得到建筑许可证（Building Permit）才能颁发广告牌或广告围栏许可证
		11.　第 1、2、3、4、7、8 条不适用于建筑通告牌
		12.　任何建筑期间均执行本规定，否则没收所有款项
1934 年 7 月 19 日	工部局为刊布上海医务委员会医师广告章程布告（第四四九四号）	1.　一切广告须送医务委员会认可 2.　3、4、5、6、7、8 与户外广告关系不密切（略）
1934 年 11 月 16 日	工部局新闻处关于气球广告的决议	由于危险，反对气球广告的应用。1935 年 8 月 31 日思派克洋行的要求和 1938 年 6 月 15 日茂泰洋行的要求同样被拒绝
1941 年 4 月 21 日	工部局为修正广告费许可证费布告（第五四三三号）	各路段广告捐费用
1941 年	工部局利用公用人力车作广告地位之办法	1.　一切广告须先送警务处审核 2.　纸张或纸板广告一律禁用 3.　人力车的缴费方式
1941 年 7 月 8 日	工部局为取缔广告布告（第五四九九号）	有伤风化的户外广告一律不许刊登

4.2.2 华界对于辖区户外广告的管理

华界对于户外广告的整体管理，在时间上晚于租界，在治理功效上也不及租界地区完备，但最早的管理政策却可以追溯到1915年。当时的北洋政府为了应对巴拿马世界博览会，[①] 筹办了巴拿马赛会出品协会事务所，专门出版了所谓的《广告法》并适用于全国。由于当时路牌广告还没有形成，霓虹灯广告还没有出现，所以这一时期的《广告法》主要针对的是已有的户外广告种类，如招贴广告、依山靠海广告、电灯广告等。如："三、招贴广告：向以粘于墙壁为限今有向各方面招贴之新式，试举例如下，（甲）在繁盛商埠往来要道墙头屋角等处之余地，或造屋时之围栏，可为伟大之广告。（乙）于各铁道之电柱上，火车中，车站月台上，与板壁上。（丙）于各商埠电车中，在窗户上，及车头车尾上，可登各种小巧之广告（丁）于各种戏馆之障幕上，或影戏片中之休息片上，可登新旧夺目之广告……六、异样广告：于直写广告寓意均不适宜时，可用一种异样广告，容易引人注目，且使之永久弗忘，列举如下，（甲）制置异样之电灯广告，如上海之外国某烟公司，在通衢装点电灯为人吃香烟好不好之式，余可类推。（乙）依山沿海广告，于轮船火车经过之地，依山腰、沿海口、以商品名或商品图样漆绘于极大之木牌，又或取商品之名，以粉白之大木板排成字迹，使人遥望之近视之，愈觉分明。"[②]但这份本该属于管理约束的《广告法》现在看起来则更像是广告的制作方法与广告制作的设计原理。不过考虑到1915年正处于民国初年，政治、经济都处于发展初期，因此也算难能可贵。还有，虽然这份《广告法》并不是北洋政府针对上海而制定的，且内容也没有涉及具体管理等方面的内容，但却是民国时期较早的"户外广告

---

① "巴拿马万国博览会"的全称是"1915年巴拿马-太平洋国际博览会"（The 1915 Panama Pacific International Exposition）。其是为了庆祝巴拿马运河开凿通航而举办的一次盛大的庆典活动。

② 《筹备巴拿马赛会出品协会事务所广告法》，1915年2月20日—12月4日。资料来源于上海图书馆。

管理方案"。

　　1927 年以前上海的广告行业也有相对应的管理领导机关，就是当时上海市公所及闸北工巡捐局，但这一时期由于时局动荡等原因，虽定有规则，但并未严格执行，导致各种户外广告的混乱。① 随着 1927 年南京国民政府的成立，以及上海特别市的同期成立，上海经济、政局相对稳定，带动了户外广告全面发展。1927 年至 1937 年间，产生了种类齐全的大量户外广告，也带来了乱贴乱放、虚假广告、淫秽广告等类似于租界区域的各种问题。应对于此，上海自 1927 年设立公用局以来就开始了全面的户外广告治理。首先在行政机构上设立专门管理部门，在公用局下设层级管理单位——上海市公用局第二科（兼给水）广告股进行管理，同时对全市（华界）的广告场进行整体管理，但由于各区广告场设立过于分散，为了便于管理，在第二科广告股下又分设沪南、沪北、沪西、沪东四个广告场管理处，对于各区的广告场进行专门管理。② 这里需要强调一点，在公用局第二科广告股进行的专门的广告管理中，户外广告是第二科的重点管理方面。这可以从当时的管理机构图例等看出（见图 4-3、图 4-4）。此外，标准钟、车辆、公共汽车等涉及户外广告的内容也都纳入到公用局的管理中，而广告管理的图示用的是路牌广告的图样。在公用局第二科广告股开始进行广告管理肇始，就运用了不同的治理方式。根据史料记载："自民国十六年起，本局即从取缔乱贴，增设广告场入手，历年以来，经将市内跨街广告牌及标语等，凡障碍灯光线及车辆交通者，一律拆除并先后在沪南、闸北等适当地点设立公共广告场及党政军机关布告牌二三六处，面积三九四五平方公尺。"③在这些治理过程中，上海公用局在管理中很大程度上也

---

　　① 上海市公用局：《十年来上海市公用事业之演进》，上海市公用局 1937 年版，第 147 页。

　　② 上海市公用局：《十年来上海市公用事业之演进》，上海市公用局 1937 年版，第 2~3 页。

　　③ 上海市公用局：《十年来上海市公用事业之演进》，上海市公用局 1937 年版，第 147 页。

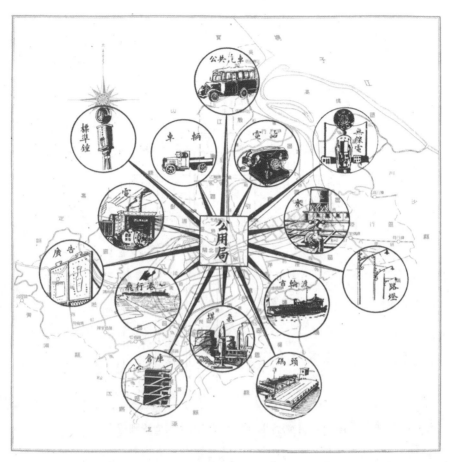

图 4-3　上海特别市公用局组织结构图(其中包括广告牌、汽车、广告钟等户外广告形式，图片来源上海市公用局《十年来上海市公用事业之演进》，1937 年 7 月版)

吸收了租界地区的管理方法，尽可能在协商、协调的基础上进行必要的调查与研究，从而达到治理的目的。如在 1933 年 10 月到 11 月间，沪北自有房屋者通过沪北广告管理处向上海公用局呈函，对于市中心区和国和路等地段人民自有房屋等建筑上所设立的广告牌，为了市区繁荣申请一律免征广告税，公用局准许其申请，并免税三年。① 虽然此次申请的历史前提是

① 　上海档案馆档案，《上海市公用局关于免征市中心自有土地竖立建屋招租广告牌税案》，档案号为 Q5-3-3106。

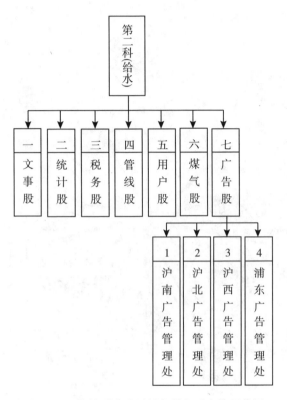

图 4-4　上海特别市公用局各科室对应管理范围

1930 年前后由于各种原因导致的经济萧条，但通过协商处理，公用局在广告管理以及税收过程中，还是可以做到区别与客观对待。这些都为当时的户外广告的管理增添了必要的积极因素。如果说这仅是管理中的内部协调与行为准则，那么对于外部事件的响应与对策也值得分析：如对于 1929 年 9 月公用局接公共租界工务局函要求撤销黄浦江、春江路边康泰公司广告牌，理由是其影响英美商人所开的公茂盐栈的经营，公用局经过实地调查后认为康泰公司的广告牌不仅没有影响公茂盐栈的经营，还非常有针对性地指出此处广告不仅有华商还有英美烟草等公司的广告牌，将英美烟草等公司由于广告竞争故意引起争端的情况昭然于世，并拒不理会工务局要求拆除的照函。① 对于此，这种"不作为"的管理不仅对于民族广告管理具有积极作用，也可以看作公用局在利用自身力量的过程中为维护民族企业合理权益的另一种"代言"，这在当时积贫积弱的中国可以说是并不多见的，也证明其通过户外广告牌这种事项彰显其自身的带动与牵引作用。可以这么说，当时公用局的行为不仅是广告管理的一种摸索与逐步完善的过程，也是当时公用局对上海市政管理的一种探究(见表4-2)。

表4-2　　　　　华界地区户外广告(部分)管理方案一览表②

1928 年 1 月 28 日	上海特别市第一区党部致公用局函	取缔闸北各区街道有碍交通的铝皮、广告牌
1928 年 1 月 30 日	上海特别市公用局发文第 1075 号文	勒令拆除横跨街道广告招牌
	上海特别市公用局发文第 1079 号文	将跨街广告予以拆除，对市内各商家及私人团体悬挂招牌标识也一概以广告论。对妨碍交通灯、消防，以及遮蔽路灯、党务机关标语的广告限期拆除
1928 年 2 月 8 日	上海特别市公用局发文第 1128 号	回复沪南广告商陈隽上训令。对已经缴纳税金的拆除广告停止收税
1928 年 3 月 30 日	上海特别市公用局发文第 1503 号、1505 号	翻造宝山路，同时拆除跨街广告、招牌
1928 年 4 月 12 日	上海特别市公用局发文第 1618 号	在拆除闸北区跨街广告之后，拆除南市跨街广告

---

① 上海档案馆档案，档案号为 Q211-1-100-11。

② 此管理方案在尊重原档案基础上根据实际进行简化处理。所选内容参考了上海档案馆 Q215-1-8780、Q1-14-302、Q5-1-8(微缩)、Q50-2-20(7-1-1、7-3-1、2-2-3)、Q123-1-638、Q5-1-3、Q5-3-1621、Q5-3-3016、Q5-3-3018、Q5-3-3106、Q5-3-3019、Q215-1-8780 档案以及上海档案馆编著的《上海近现代广告业档案史料》第 292~310 页内容。

时间	文号	内容
1928 年 5 月 28 日	上海特别市公用局发文第 2073 号（上海特别市市政府训令 1212 号）	沪上烟草公司以赌具为香烟牌号或画片。德隆烟草之茄克香烟、福昌香烟之至尊香烟、东海烟厂之扑克香烟、振兴烟厂之三九香烟。依据《商标法》第二条第三款，有妨碍风俗秩序或可欺罔公众之虞者，不得作为商标等语。凡市内以赌具商标之广告禁止张贴，以维持善良风俗
1928 年 5 月 29 日	上海特别市公用局发文第 2081 号（上海特别市市政府训令 1222 号）	取缔本月 21 日《新闻报》中出现的五洲大药房树皮丸有伤风化广告以及招贴广告
1928 年 6 月 4 日	上海特别市市政府训令 1995 号	取缔有伤风化的招贴广告，依据第六条
1928 年 9 月 18 日	上海公用局收文第 3122 号	收回闸北广告税，沪南广告税应该照办。附上海特别市政府公用局广告管理处规则，记录行政结构与管理流程(略)
1929 年 1 月 5 日	上海公用局收文第 3808 号	户外广告税收取不足，原因是商业繁华程度不能与租界相比。租界有特许广告税，而华界内乱贴，公司不愿缴税，广告场为油漆广告所占，申请改变税收方法，附呈请修改广告的理由，同时强调华界的管理过严
1929 年 2 月 22 日	上海公用局收文第 4609 号	修正上海特别市广告管理规则
1929 年 3 月 14 日	上海公用局收文第 4399 号	吴淞、江湾、浦东等地的街道广告、墙壁广告、广告场税率要低于沪南、闸北区及未纳税的特许广告场清单
1931 年 7 月 11 日	上海公用局公函第 14175 号	冠生园食品公司本身的标志不用缴广告税，但是商标用于招徕顾客的，或其他广告图画，无论是否注册，都需缴纳广告税

在这种探究过程中，经过多年的"管理方"与"广告主体方"的磨合、"广告管理方"与"受众"的沟通后，民国中期产生了相对整体与系统化的广告管理方案。在 1928 年 9 月 18 日上海市市长张定璠签发《上海特别市政府公用局广告管理处规则》，明确限定广告管理部门的管理内容与职权。在 1929 年 2 月 22 日张定璠签发《修正上海特别市广告管理规则》，成为上海特别市成立后第一份较为完整与详尽的广告管理规则。该规则共七十三条，分列为七章，分别是第一章总则、第二章公共广告场、第三章特许广告场、第四章临时广告场、第五章游行广告、第六章其他广告、第七章附则；其中，第二章、第三章、第四章、第六章 61、62、63、64、67、68、69、71 条等均与户外广告相关。在 1931 年 12 月 31 日张群签发的《修正上海特别市广告管理规则》成为最为完整的一份管理规则。其中，第一章总则，第二章公共广告场，第三章特许广告场，第四章临时广告场，第五章游行广告，第六章传单广告，第七章车辆广告，第八章招牌、旗帜、标志广告，第九章其他广告中，都对户外广告有所涉及，是最为完整地呈现民国时期户外广告管理的一份档案。整体来看，这些多方面的广告管理规则更像是一份户外广告规则。这一管理规则的出现也从制度上明确了户外广告的统一化、标准化管理，成为重要的管理依据。这份规则也成为后期进行户外广告管理的重要参照。在张定璠之后，历任市长所发布的类似的广告管理规则，基本上是以此为样本进行制定(见表 4-3)。

表 4-3　　上海特别行政市自成立后历次发布的广告管理规则

时间	规则名称	签发市长	与户外广告相关章节	总章节
1929 年 2 月 22 日	《修正上海特别市广告管理规则》	张定璠	第二章、第三章、第四章、第六章	共七章共七十三条
1931 年 12 月 31 日	《修正上海特别市广告管理规则草案》	张群	第一章、第二章、第三章、第四章、第六章、第七章、第八章、第九章	共十章共八十三条

续表

时间	规则名称	签发市长	与户外广告相关章节	总章节
1932 年 8 月 9 日	《上海特别市广告管理规则修订公布》	吴铁城	第一章、第二章、第三章、第四章、第六章	共七章共七十三条

在上海地区的户外广告管理规则之外，全国性的户外广告整治也在进行，并在一定程度上影响着上海。在 1936 年 10 月南京国民政府内政部颁布了《修正取缔树立广告的办法》以及《户外广告物张贴法》16 条款项，针对广告的解释、效力、撤销等作出规定："一，关于取缔树立（包括粉刷、张贴及其他方法）广告，除其他法令另有规定外，应依照本办法办理。二，树立广告其长阔逾三尺以上者，须先树立地点、式样、颜色、图画及文字呈请各地方政府核准，领取许可证。前项许可证每张得收手续费五角。三，领有树立许可证者，须赴树立处所之警察机关或保甲处呈验证许可证，并须得树立广告处所地主之同意，方得树立。每一广告需将许可证号及核准机关载明其上。四，凡高岗处所、公路、铁道、交通交叉地点、重要建筑附近及其他有碍风景或观瞻处所，不得树立广告。"在上海的公用局通过自己的管理规则来治理广告，也通过商业化合同的方式，通过经济运行本身与市场协作的杠杆来协调路牌广告、广告场的管理，其中比较具有代表性的是 1928 年 7 月上海市公用局关于其发广告社承租沪南广告场案。通过商业承包的条款来约束与管理广告场。

在民国时期上海华界的正规户外广告管理中，可以分为三个层次来进行认知与分析。首先是国家性质的户外广告管理条例，当然这部分的内容由于涉及面广、周期长，有一定的指导性意味。如上海本市的所属部门上海公用局所属的第二科广告股进行的广告管理更为直接与现实，后期在明确了广告管理部门的职能之后连续地颁布了广告管理的规则，成为上海华界广告管理的重要依据与凭证。其次，在这些规章之外，还有一种管理是通过职能部门与广告商、民众之间的协调，比较现实地解决一些具体的、突发的现实性问题。最后，在户外广告管理地各项规则未出现之前，对于户外广告的管理则更多地集中在与广告商之间的合约条款上，这些内容在广告管理规则出现之后仍然发挥着调节的作用，虽然主要目的是增加税收、约束广告商，但客观上这种基于利益的条款也颇具管理效能与意味。上海地区的户外广告主要依托以上三种方式进行管理，其规定与要求也在无形中成为华界区域内户外广告设计的重要参照之一。

4.2.3　行业协会的自我约束与管理

在民国时期上海的户外广告管理中，还有一种对户外广告进行约束与管理的力量不可小觑，这就是广告行业发展过程中所产生的广告同业公会。这些行会成立的目的在其公会章程中就明确指出："（第三条）本会以维持增进同业之公共利益及矫正弊害为宗旨。"①在同业公会比较完整的章程中，我们可以看到同业公会详细的任务是"协调事务、维护发展、热心公益"等。虽然这份章程是针对整个广告行业的，但在会员部分的内容中指出，"凡是在上海市的区域内，经营广告业务之广告公司、行、号、社等，而且其营业范围包括日报、杂志、油漆路牌的等都应依法加入本会为会员。"②这些协会的成立突破了华界与租界的广告公司的界限，而且针对行会内的会员不仅在华界区域内，也在租界区域内进行约束与协调，这种民间自发的广告行业组织成为以政府为主导的管理中的一种必要的补充。这种补充是在企业与政府之间的空隙中，明确了企业和企业之间的各种经营行为的规范与法则。

当然，这些行业协会的成立并不是一蹴而就的，其出现与发展也有深刻的、"不得已"的背景。民国时期以后，上海由于特殊的位置与政治背景，其各种存在的社会力量，如帮派、商会、行会等一直都是影响与左右

---

①　《上海市广告商业同业公会章程》（1946），转引自：《上海近现代广告业档案史料》，上海辞书出版社 2012 年版，第 472 页。

②　《上海市广告商业同业公会章程》（1946），转引自：《上海近现代广告业档案史料》，上海辞书出版社 2012 年版，第 472~474 页。

社会的重要势力，这些势力在政府管理的软弱、无能与"真空"的前提下，部分地承担起了"行业自治"的任务。其中社会力量、帮派、行会等对于户外广告来说不仅可被视为一种社会化的混乱自治，在当时"强社会、弱政府"（关于这个问题，很多学者已经深入研究，在本书仅作背景参考）的局势下也起到了促进合理发展、避免恶性竞争的作用，所规范的"维护同业，联结同行"的功能对早期城市工商业的发展起到过积极作用。在1918年《工商同业公会规则》颁布后，"同业公会"逐渐成为行业组织的通称，大量的行会组织也纷纷向同业公会转变，并有商业同业公会、工业同业公会和不同职业同业公会之分，同业公会开始具有特定的含义。[1] 作为新型的行业管理组织，不同的同业公会都具有完备的章程、组织和符合现代经济要求的社会功能，这些现代的组织形式与架构与过去的行会相比有明显的差别。这种体制化的转变不仅仅是具体名称的改变，更是中国内在的经济结构近现代化演变的要求与必然趋势。[2] 虽然"强社会、弱政府"的局势在1927年上海特别行政市成立以后仍然存在，但是却给了上海市广告商业同业公会正规化、合法化发展的机会，不仅将其从以前"理不清"的社会帮派中稍微区分了出来，而且通过主要行业代表人物的行业影响力，与政府建立起了一种互通的关系；在维护本行业利益的过程中，一定程度上促进了行业的发展与户外广告设计的前行。在整体社会大的背景之外，我们在详细分析民国时期上海户外广告行业组织的形成与发展的过程中，也要看到户外广告本身作为一种行业与设计的演进，这也是在一种整体、团队化力量推进下的共同进步。这种整体力量在大量商家、设计师、设计行为累积到一定程度之后形成"利益共同体"，不仅代表群体利益的最大化，也代表

---

　　① 魏文享：《近现代工商同业公会的社会功能分析（1918—1937）》，华中师范大学2001年硕士论文，第2页。魏文享认为："本文讨论限于工商同业公会，而律师公会、记者公会、医师公会等由自由职业者组成的职业公会则不在讨论之列。"本书基本沿用此研究范围。

　　② 魏文享：《近现代工商同业公会的社会功能分析（1918—1937）》，华中师范大学2001年硕士论文，第2页。

当时共同社会行为的统一与相互制约。

　　1927 年南京国民政府建立以后，上海等经济发达地区的同业公会更是如雨后春笋般涌现出来，其中广告行业也在同年成立了自己的行业公会。在 1927 年，由维罗广告公司、耀南广告公司等 6 家广告社发起组建了具有自治性质的半官方组织"上海特别市中华广告公会"，上海广告商业体系形成，并要求广告捐客一律更名为代理商。到了 1936 年，广告公会发展壮大后，各个广告公司积极参与，有会员 20 多户，并且在内部又细分为报纸、路牌和其他 3 个小组，其中路牌组以荣昌祥广告公司势力最强。① 在这个广告同业公会中，路牌组为代表的户外广告行业也归属于其中。此组织 1930 年改名为"上海市广告业同业公会"，后几经更名，在 1933 年定名为"上海市广告同业公会"，并颁布了《上海市广告商业同业公会章程》。② 广告公会自成立后，就对行业内部竞争过程的问题进行处理，从一定层面上处理与管理户外广告行业的运行。在特定的历史时期，广告公会也进一步发挥着促进商业的关键性作用，通过自身的运作实现了更为瞩目的行业繁荣，如在抗战时期通过其协调努力联合不同广告公司对抗日方的太平广宣公司。在抗战胜利以后，1946 年行会颁布了《上海市广告商业同会章程》，重新将广告行业凝聚起来并发挥了应有的作用。在《上海市广告商业同业公会三十五年度工作报告》(1946 年)中记载行会为防止倒闭企业拖欠户外广告款，特与上海市报馆商业同业公会取得联系等内容。同期，由于中央广告社公司与中央联记广告社、远东商务广告公司与远东广告社名称雷同，行会还出面调解其中一方更换牌号，对行业正常发展起到促进作用。1946 年 7 月，"京沪甬"铁路招商承办两线沿路广告牌事宜，由于广告商业同会刚刚成立，证件不齐，行会致函两路管理局运务处通融解决，使得各会员可以投标。③ 1946 年以后的广告同业公会也将户外广告行业的规范与设计等方面推高到一定程度。1946 年《上海市

　　①　上海通志编纂委员会：《上海通志》，上海社会科学院出版社 2005 年版，第 2829 页。

　　②　如来生：《中国广告事业史》，上海新文化社 1948 年版，第 1~10 页。

　　③　上海市档案馆：《上海近现代广告业档案史料》，上海辞书出版社 2012 年版，第 493~494 页。

广告商业同业公会业规草案》第七条，经营路牌广告者须遵守下列各项之规定：期满优先租赁权、需要增加执照、不得变相降价、拆借牌子价格加 10% 等，由此可以看出户外广告是整体的广告行会体系中的重要组成部分。1946 年 9 月 23 日《上海市广告商业同业公会业规草案》第三章第十二条至第十五条中，① 把路牌等户外广告作为一个完整单独的部分，对承租合同、仲裁、执照、价格等作出规定。这一部分的广告行业公会虽然没有完全涵盖户外广告，但是毕竟与后期成立的霓虹灯广告公会(一直未真正发挥作用)共同作用于户外广告的体系。而广告同业公会成立以后，各大广告公司相互配合与互助，一方面在稳定行业价格、促进行业发展等方面起到积极作用，另一方面在后期对于广告社、广告公司的经营有更为直接的帮助(见图 4-5)。

图 4-5 上海市广告商业同业公会理事会致业规研究委员会委员合影(1946 年 8 月)②

---

① 《上海市广告商业同业公会业规草案》(1946)，转引自上海市档案馆：《上海近现代广告业档案史料》，上海辞书出版社 2012 年版，第 493~494 页。

② 图片转引自上海市档案馆：《上海近现代广告业档案史料》，上海辞书出版社 2012 年版，第 390 页。理事会人员为沈秋雁、胡潭明、孙道胜、崔泉声、钟鼎臣、郑耀南、倪高凤、林振彬、王万荣、袁锦春、林振浚、陆东生、钟濬川、刘镜川、冯肇樑、王中林等。

民国时期上海商会、行会的产生，既在一定程度上满足了工商业行业的制度需求，使得行会内在负面的变迁动力减弱，也在某种意义上产生积极作用，促进行会变迁，使得行会变革的外部力量增强。这种增强在多方面体现行业同会的多元化作用的同时，也在生产经营、抵抗外来经济入侵、稳定行业体系等方面产生了积极作用，同时也对户外广告行业的专业发展、行业促进起到了推进、鞭策等作用。

4.3　实施管理后的影响与辩证分析

4.3.1　实施管理后户外广告设计的面貌

民国时期上海无论是租界还是华界的户外广告的管理其实都不是单一的、线性的发展过程，而是伴随着户外广告的不断发展而不断调整与协调的过程。在这个过程中，各方的管理与协调虽然不可避免地具有一定的滞后性，但是根据各方主体与下设部门的管理，对户外广告的管理取得了一定成效。例如，华界自 1927 年设立公用局广告股进入正式管理程序以后，经过十年的不断努力，到 1937 年 7 月对于辖区内的各种户外广告的管理已经颇具成效，并由上海公用局出版了《十年来上海公用事业之演进》，其中户外广告部分的治理成果描述为："自民国十六年起，本局即从取缔乱招，增设广告场入手，历年以来，经将市内跨街广告牌及标语等，凡障碍灯光线及车辆交通者，一律拆除，并先后在沪南、闸北等适当地点设立广告场管理。"①(见图 4-6、图 4-7) 这一系列管理取得了一定成效，从广告的安放位置来说也更为合理，而城市与市区环境也得到了良好的控制。根据当时资料的对比图片可以看到，很多在街道上过于伸长或影响交通市容的广告都得到了有效的管理，并最大限度地保证了其经营顺畅。

---

① 上海市公用局：《十年来上海市公用事业之演进》，上海市公用局 1937 年版，第 147 页。

对比图一(治理前)

对比图二(治理前)

对比图三(治理后)

图 4-6 治理前后的肇嘉浜路对比图

图 4-7 治理后的十六铺码头广告牌

而租界在管理中所取得的成就也非常明显，不仅利用税收、审核发布等手段对于户外广告的治理、规划起到明显效果，而且对于商业的促进、商业区域的规划以及正常的发展也起到决定性作用。尤其是联合租界在商家管理过程中积累的经验与颁布的法规，不仅适用于本地区，也对当时法租界、华界地区的规章制定起到重要的参考作用。因为当时的上海虽然政治区域划分明确，但是商业发展却基本上还是有所"互通"与"共融"的，在不同租界内有大量的华商，也有外商的广告公司与广告发布。同样，在华界内也有大量外商广告、广告公司的进入，其所面临的户外广告的情况也非常类似，当然这一点还要归结于当时华界和法租界对于公共租界内所采用的各种户外广告形式的模仿与追捧，其中比较具有代表性的就是各式广告场的设立与华界内模仿公共租界设立的广告钟广告等。另外，还有当时先进与共通的载体的同期使用，如汽车广告的出现，也让各种广告的管理与管理后的效果逐步打破了政治区域的限制，将不同区域的管控融合而为之。1936年徐百益主编的《广告与营销》(第一期)中收录了大量户外广告行业内的中外公司经理或广告从业人员的文章，可以看出户外广告在发展中的趋同性；另外，在1929年的上海公用局第四三二二号文《修正上海特别市广告管理规则》的名单中，同时有华界所属的公司与外商公司的情况。由此，可以看出，这一时期的管理已经突破区域限制，而"大一统"管理局面逐步形成。这种共通性对于整体辩证研究各方面出现的情况都起到重要的参照作用。

4.3.2　相关影响与辩证分析

一、户外广告管理中所产生的积极影响

1. 对于"人"本身的考量

在管理中，公共租界与华界在对于户外广告的管理中，都在一定程度上把对"人"本身的影响的考量作为户外广告管理的一项重要依据，包括户外广告对交通影响、行人的安全影响，以及对住户的生活影响等。根据这

一管理思路，公共租界工部局对于户外广告的规划与审核也尽量从"行人、市民"的角度出发，对于具有安全隐患的户外广告，在申报审核的时候就不予通过。例如在 1922 年 10 月鲍士罗营造建筑公司致工部局总办函要求成立一家广告公司。① 这家广告公司主要的经营范围是空中广告，包括风筝广告、气球广告、降落伞广告等。对于这一户外广告形式的申请，工部局的相关部门考虑到上海租界上空的电线过多，会引起各种安全隐患，建议均予以禁止。同样，1934 年 10 月美华地产公司董事长致工部局函中，要求设立齐柏林式飞艇的户外广告，工部局与工部局下属的火政处、工务处、总办处在沟通中一致认为具有氢气的气球或飞艇具有火灾与爆炸的隐患，而且"这种气球往往还存在一定的危险，气球会瘪掉，失去控制，或者缠在房屋和电线上，从而可能会造成生命和财产损害"。② 对于这一户外广告的申请也予以否决。与此同时，工部局还考虑到户外广告不能给市民的出行造成不便，户外广告的设置不得影响公共秩序与公共交通。依据这样的管理思路，租界内很多有可能影响行人通行的户外广告的设置申请都没有得到批准，如 1920 年 12 月 7 日通和洋行致信工部局工务处，③ 申请建设广告塔，进行广告宣传。然而工部局工务处在 1920 年 12 月 11 日给予工部局总办的回函中明确指出，广告塔有可能成为清扫马路的垃圾和其他垃圾的存放地点，且广告作用也不是很大，其中最主要的原因是："大多数人行道如此狭窄，以致行人要走上车行道才能通过。屋主有意见。……公共道路所占的土地是作为公共用途而占有的。"④其否定了通和洋行的请求。同样在华界，1932 年吴铁成签发的《上海特别市广告管理规则》第九条

---

① 上海市档案馆：《上海近现代广告业档案史料》，上海辞书出版社 2012 年版，第 18 页。参见 1922 年 10 月 25 日鲍士罗营造建筑公司总经理鲍士罗致工部局总办函。

② 1934 年 10 月 29 日工部局火政处处长 J. G. 戴森致工部局总办函，参见上海市档案馆：《上海近现代广告业档案史料》，上海辞书出版社 2012 年版，第 73 页。

③ 1920 年 12 月 7 日通和洋行致工部局工务处处长函，参见上海市档案馆：《上海近现代广告业档案史料》，上海辞书出版社 2012 年版，第 13 页。

④ 1920 年 12 月 11 日工务局工部处处长 C. H. 戈弗雷致工部局总办函，参见上海市档案馆：《上海近现代广告业档案史料》，上海辞书出版社 2012 年版，第 14 页。

规定："广告文字以纯正为主，激烈危险有碍秩序安宁者；猥亵恶俗有伤风化者；荒诞有碍青年道德者；有蒙混欺骗意思者；窃用他人商标者均不得刊发。"另外第十二条规定："揭布广告不得违反下列各项之禁列：妨害行政者；妨害交通者；妨害街市灯光（路灯）者；妨害行旅视线者；妨害消防工作者；易于躲藏盗贼者。"①这些规定自公用局正式进行户外广告管理起，一直贯穿在管理思想与管理过程中，不仅是从最基本的人文关怀进行考量，也更贴近近现代化都市建设与户外广告相协调的关系。当然，这些内容的要求也不可避免地对户外广告的设计产生了影响，这是因为很多在西方流行、适用的广告形式并没有得到应用；而很多在这些明确规定未出现之前的户外广告设计内容，如对户外广告设计中一些图案、图形、文字、人物形象的使用在此之后要进行一定的甄选与审核，很多在实际操作过程中与法规相抵触的地方，还需要进行"柔化"处理，这也成为当时设计户外广告设计运行中的另一种思路。

2. 管理中具体化对待与协商

在民国时期整体管理中，面对新兴的形式与情况，很多管理政策根据实际的具体情况做到了"有区别"的对待。这种相对细化的处理方式，是管理户外广告中客观、有效且进步的地方，对于华界的管理也有类似的情况，在 1929 年 3 月 14 日上海特别市公用局呈市长张定璠文中：

　　查吴淞、江湾、浦东等处偏僻，人烟寥落……若就以上地区处商市情况比较，未免太高……为拟将规则内特许广告场税率补充丁、戊两种，即（一）道旁广告丁等四十元，戊等三十二元；屋顶广告丁等三十二元，戊等二十八元；墙壁广告丁等二十八元，戊等二十二元。负担既轻，或易就范，庶于积极整理中，仍寓兼顾税收之意。②

---

① 1932 年 8 月 9 日上海市市长吴铁成致上海市公用局指令，参见上海市档案馆：《上海近现代广告业档案史料》，上海辞书出版社 2012 年版，第 414 页。
② 上海市档案馆：《上海近现代广告业档案史料》，上海辞书出版社 2012 年版，第 370 页。

这种根据实际情况进行的户外广告管理，在当时对户外广告的发展与引导起到了一定的效果与作用，也成为管理中正面与积极的因素，不仅对于税费的合理征收有益，也促进其设计、制作成本的合理化趋向，成为当时户外广告发展的良性诱因。此外，租界地区比较明显的另一种协商管理模式也具有一定的积极意义。协商管理是指工部局与户外广告商之间，在一些有争议的户外广告的问题上的自身"调节"，力求最大限度地获得多方满意与认同；如 1928 年 11 月 13 日法商电车公司总经理伯吉斯致工部局总办函要求在其电车公司的各种电车上申请设置车身广告，① 11 月 16 日，时任工部局代总办麦基附上自己的意见发送至警备委员会、交通委员会征求意见。而由于法商电车公司实际属于法租界公董局的管理范围内，工部局就法商电车公司的车身广告事宜还与公董局进行了有效的沟通，② 工部局随后同意了汽车公司的广告要求，也认为可以同意电车公司类似的要求，但必须在巡捕房审定的内容范围内。③

在一切内容确定以后，工部局通知法商电车公司可以进行车身广告的设立。协商管理是在工部局与各个广告商之间平衡利害关系。英美殖民者即使本意是维护商业发展，扩大殖民地所属行业的利益，但客观上却做到了官、商之间相对合理化的渠道沟通。在此之外，工部局还在一定范围、一定时期内采取了试运行的方式。这是指工部局在面对户外广告设计、申请、制作等的新情况时，如果不能够在短时间内作出判断的，也不会全盘否定，而是在一定的时间与范围内给予一定的尝试；在尝试之后，用效果来决定最后是否采用。如 1927 年 11 月 28 日广告商 T. A. 库珀在再次致工

① 1928 年 11 月 13 日 C. 伯吉斯致工部局总办函，参见上海市档案馆：《上海近现代广告业档案史料》，上海辞书出版社 2012 年版，第 50 页。

② 1928 年 11 月 22 日工部局代总办 J. M. 麦基致公董局总办福拉兹函，1928 年 12 月 12 日公董局总办 E. 福拉兹、总裁 M. 维迪尔致工部局代总办函，参见上海市档案馆：《上海近现代广告业档案史料》，上海辞书出版社 2012 年版，第 52~53 页。

③ 1928 年 11 月 16 日工部局代总办 J. M. 麦基致警备委员会、交通委员会委员函，参见上海市档案馆：《上海近现代广告业档案史料》，上海辞书出版社 2012 年版，第 51 页。

部局总办函中，针对前期遭到否认的在街道上设立广告钟的做法，又提出了一种替代的方法：不利用公共事业公司的立杆与立柱，而仅在南京路和静安寺路安装少量的（不超过三座）的广告钟，作为一年期限的试验性安装；待一年期满后，工部局再来决定是否继续安装广告钟或者将这种方案扩大应用到租界其他街道。这种试运行的提议很快得到了工部局的认可。1927 年 12 月 13 日工务局警务处处长致总办函中就认同了替代的方案；①1928 年 1 月 4 日，工部局副总办 J. M. 麦基在致库珀的函中，② 同意了库珀的请求并达成了临时协议，"如果工部局发现广告钟加剧了现有的交通状况困难的话，工部局仍然可以自行酌情决定，要求拆除广告钟。在这个前提下，工部局可以对库珀提出方案进行试行。"③工部局在与户外广告商之间的协商是灵活的，有一定的伸缩空间，尤其在公用事业的建设上，在一定范围内进行试验性质的运行。虽然在试行的过程中工部局并没有明确地制定试行制的议案或条款，但在实际的管理过程中却一直具有这种管理的行为与意识，从而构成了工部局与户外广告商之间一种试行的、多方面权衡的相互沟通的管理模式。

对于户外广告税的征收，也是这一时期管理工作中的一个重点。公共租界的工务局捐务股最初并未将其纳入正常的税收考虑范围，只是随着租界区域的扩大与工商业的发展，户外广告的数量猛增，为了对户外广告很好地规范与管理，捐务股开始对租界内的户外广告进行收税，作为一种辅助的管理手段。如在 1921 年 7 月，工部局捐务股 S. H. 艾伦致工部局总办函中强调"1914 年开始的第 6 号决议征收广告税的目的是为了清除居住区

---

① 1927 年 12 月 13 日工部局警务处处长 E. I. M 巴雷特致工部局总办函，参见上海市档案馆：《上海近现代广告业档案史料》，上海辞书出版社 2012 年版，第 42 页。

② 1928 年 1 月 4 日工部局副总办 J. M. 麦基致 T. A. 库珀函，参见上海市档案馆：《上海近现代广告业档案史料》，上海辞书出版社 2012 年版，第 43 页。

③ 1928 年 1 月 4 日工部局副总办 J. M. 麦基致 T. A. 库珀函，参见上海市档案馆：《上海近现代广告业档案史料》，上海辞书出版社 2012 年版，第 43 页。

内遭到反对的和不堪入目的广告，而不是仅仅作为税收的来源"。① 广告税收在一定程度上促进了户外广告管理的科学性，针对合理的税收政策予以小幅修订与调整的应对方法在一定程度上促进了商业的良性发展，也为消除不必要的户外广告作出应有的对策，为租界的街道建设以整洁规划提出了一定程度上的应对与解决方式。但随着户外广告所带来的不断增高的税收收入，工部局对广告税征收的思路有所变化，意识到户外广告的税收可以作为租界财政收入的一部分。一方面，工部局仍然宣称广告捐仅是为了规范与管理广告的数量与内容；另一方面，已经将广告的收入纳入正常的税收体系。如 1927 年 5 月 23 日工部局捐务股在致工部局总函中指出，② 通过 1914—1927 年征收的广告捐金年表(见表 4-4)，可以明确看到广告捐的收入大幅增加，工部局也调整了关于户外广告税收的思路，对于原本制定的"针对当时工部局的对于正在建设的建筑物四周的篱笆上张贴广告不予收费和待售的商品免征广告捐"，已经被视为"给工部局的收入带来相当大的损失"，明确将广告收入纳入到正常的税收体系中。随后，工部局为了将户外广告税收合理化、正规化，在 1910—1943 年制定了一系列关于开征广告特别税的条规。如在 1914 年 3 月 20 日开征广告特别税，③ 按不同地方的广告牌每平方尺 0.2~5 两进行征收；1932—1933 年修改广告费价目表；④ 1941 年工部局修正广告许可证费用等，⑤ 逐步建立了一系列广告税收政策，起到了一定的积极作用。

---

① 1921 年 7 月 5 日工部局捐务股 S. H. 艾伦致工部局总办函，参见上海市档案馆：《上海近现代广告业档案史料》，上海辞书出版社 2012 年版，第 15 页。

② 1927 年 5 月 23 日工部局捐务司 S. H 艾伦致工部局总函，参见上海市档案馆：《上海近现代广告业档案史料》，上海辞书出版社 2012 年版，第 23 页。

③ 1914 年 3 月 20 日公共租界纳税人大会会议议案，参见上海市档案馆：《上海近现代广告业档案史料》，上海辞书出版社 2012 年版，第 96 页。

④ 1932 年 7 月 1 日工部局为修改广告费价目表布告，参见上海市档案馆：《上海近现代广告业档案史料》，上海辞书出版社 2012 年版，第 102~103 页。

⑤ 1941 年 4 月 21 日工部局为修正广告许可证费用等事布告，参见上海市档案馆：《上海近现代广告业档案史料》，上海辞书出版社 2012 年版，第 108 页。

表 4-4　　　　工部局捐务股统计 1914 年至 1927 年广告捐金年表①

年份	金额(两)	年份	金额(两)
1914	95	1921	2335
1915	610	1922	3501
1916	1315	1923	5276
1917	1329	1924	6431
1918	1415	1925	6285
1919	1320	1926	7702
1920	1485	1927	11500(预计)

无论是在华界公用局还是公共租界工部局、法租界公董局对于广告设计的管理中，基本的思路还是希望能够做到从居民、行人安全、社会净化、主流道德观念正确的角度出发，以城市的安全与社会整体的秩序来考虑户外广告的设计，尽量将上海户外广告的设计、安放、设置等所带来的隐患降至最小，并抵制负面的诱导作用。这些措施还具有一定的积极意义。

二、户外广告管理中的弊端

在户外广告管理思路与方法逐步形成的过程之中，也出现了部门意见相左、管理制度滞后等一系列管理的弊端。

1. 户外广告税收制订的依据不够合理

公共租界对于户外广告税的制订目的与依据不够合理。公共租界最初设立广告税仅是为了消除户外广告中的不良影响，1914 年《工部局年报》中写道："为了消除租界内引起的反对和不堪入目的广告的目的……大会商定每平方尺收税 0.05 两至 5 两不等。"1924 年《工部局年报》中写道："主要

---

①　1927 年 5 月 23 日工部局捐务司 S.H 艾伦致工部局总函，参见上海市档案馆：《上海近现代广告业档案史料》，上海辞书出版社 2012 年版，第 24 页。

98

为了消除租界内不堪入目和遭到反对的广告才开始征收广告税的。广告税继续适用于这一目的。"这导致"做广告的人宁愿拆除广告牌，也不愿缴纳特别税，结果税收只有极少的增加"。虽然这样做对市容有明显的改进，但广告税完全超过工商业所能承受的范围，这种方针是违背了这项措施的精神和本意的。① 由此分析，广告牌的设置、广告捐的缴纳是为了管控不堪入目的广告而设定的，尤其是在租界的居民区域，但仅靠这种方式来取缔与限制"不堪入目"的广告则过于乏力，或者从另一个方面也可以解释为，"不堪入目"的户外广告如果缴纳了足够多的广告税也可以成为正式的广告。无论是工部局、公董局还是公用局在对待广告税率的态度上，都存在着仅是为了增加广告税收的"片面思路"，希望通过广告税的增加"侥幸"地对各种户外广告进行有效管理，但实际上这些制度并没有把各种有伤风化、影响市容的广告纳入取缔的范围或者在实际的执行中并不严格。事实上，无论是在华界地区还是在租界内，赌场、妓院、大烟馆、淫秽医药广告都是被允许或默许的，只是在一定范围内需要进行登记与税收。而这些行业与之带来的"不堪入目""有伤风化"的广告，各部分的主管部门并没有意愿从根本上取缔这些行业，而仅是增加户外广告的费用征收，希望以此来解决这些招贴广告带来的影响。这种局限性是当时历史环境所决定的，所以仅从户外广告的管理角度去解决也不切实际。

2. 政策制定与执行的缺陷

上海开埠以后，户外广告成为最主要的商业竞争手段，而工部局对于户外广告的管理直到 1914 年才形成最初的管理条例，华界则更晚，到 1927 年才正式成立公用第二科广告股进行专门管理，而且很多政策的制定与执行也并不能统一。如公共租界在 1914 年 3 月 21 日纳税人年会上通过的第六号决议中说："广告捐应以不动产的形式，向建有附载广告的建筑物、广告牌、广告亭的'土地的占有人'征收。但在实际在执行过程中，却

---

① 上海市档案馆：《上海近现代广告业档案史料》，上海辞书出版社 2012 年版，第 29 页。

是直接向做广告的人征收。"①由于区域管理的限制，不同类型的户外广告
只能张贴在自己的辖区内。当局规定，必须领取照会方准粘贴，且公共租
界与法租界各分界域，不许越界乱贴。但在实际的执行过程中，张贴者往
往于深夜施工，见墙即贴，而且所代理与发布的广告商并不是在公共租界
内注册过的，所以很难进行有效的管理，即使依靠巡捕房等强硬的手段，
但也只是收效甚微，而且很多大公司也乐于钻这个"空子"。据记载：

> 英美烟草公司的"狙击活动"伸展到了公司并不准许张贴广告的地
> 方。尽管如此，公司继续在一切可能的地方张贴广告：火车站、码
> 头、水塔、酒店、茶楼、军事总部、学校、庙宇、私人住宅。②

但是，真正在工部局进行注册的张贴广告，或已经缴纳正常的广告捐
的公司反而得不到保护。1927 年 5 月 23 日工部局捐务股 S. H. 艾伦致工部
局总办函中写道："对于张贴广告，从来没有收过广告捐，广告公司已经
明确拒绝缴纳，其理由是工部局没有保护它们免遭'狙击手'和坏人的破
坏。"③而对于华界来说，尽管 1929 年之后设立了大量正规的广告场，但仍
出现大量户外广告场未纳税的情况。这一切都在说明，无论是华界还是租
界，在真正的政策执行过程中仍有很多地方未能达到执行与管理的目的。
其他对于华界的政策的制定与执行还有一些认知与表述不清的情况，如当
时财政局(财政局公函第 3083 号)称广告管理处转广告商询称："报纸所刊
登的营业税征收之后，广告业的税应有所减免，而且广告捐应该免除的情
况是否可以执行？财政局也并不确定在营业税之外，广告税可否不缴。但

---

① 上海市档案馆：《上海近现代广告业档案史料》，上海辞书出版社 2012 年版，
第 85 页。

② 中国科学院上海经济研究所等：《南洋兄弟烟草公司史料》，上海人民出版社
1958 年版，第 68 页。

③ 上海市档案馆：《上海近现代广告业档案史料》，上海辞书出版社 2012 年版，
第 24 页。

考虑到营业税是代客揭布的费用，而广告税则是广告收费，性质不同，不确定的情况下请询公用局。"①而公用局的回复是：

> 查广告业征收营业税免除广告捐，本市商会有意见讨论后决定广告捐仍然要正常收取，该业并不属于营业税范围之内，报纸所载系属误会等情，据此函照回复。局长：蔡增基。中华民国二十五年七月十五日。②

根据上文，公用局刚刚颁布见报的征收标准，在随后的解释中竟然是一个"误会"，由此可见，对于华界来说当时政策的制定与执行过程中的缺陷非常明显与普遍。其实公共租界工部局在进行户外广告管理的过程中也出现了类似的情况。其由于具体的分工与审核内容不同，所涉及的职责范围也有所不同，这导致了在管理过程中针对同一管理个案不同部门得出不同的结论，在工部局自身的部门之间就造成了管理上的矛盾。很明显的一个方面是，警务处对于户外广告的申请与安放就很少表示过同意，而理由大多是"交通拥堵""行人难于管理"等，这些理由中有些具有一定的合理成分，但有些也过于牵强。如 1928 年 8 月针对英商中国公共汽车有限公司关于申请车头、车尾的广告，工务处已经明确表态，"公共汽车上的广告找不到反对的理由"，但警务处仍"建议工部局一如既往地不许可这种广告形式"。③ 虽然最终汽车广告得以批准，但在工部局对于户外广告的管理过程中，类似汽车广告这样矛盾重重的案例并不少见，无形中增加了部门之间的协调与沟通的障碍。1929 年工部局总办 S. M. 爱德华在针对交通及公共

---

① 1931 年 7 月 15 日上海市财政局公函第 3083 号，转引自上海市档案馆：《上海近现代广告业档案史料》，上海辞书出版社 2012 年版，第 380 页。

② 1931 年 7 月 15 日上海市财政局公函第 3083 号，转引自上海市档案馆：《上海近现代广告业档案史料》，上海辞书出版社 2012 年版，第 380 页。

③ 上海市档案馆：《上海近现代广告业档案史料》，上海辞书出版社 2012 年版，第 54~56 页。

事业委员会反对星发洋行设置公共汽车广告柱的意见中认为，① "拟议中的广告柱是否会明显的妨碍交通。据我推断，公共汽车站广告牌是必要的，而且广告牌应该十分引人注目"。② 但其公共事业部的委员却统一认为"人行道空间拥挤会增大"，最终未同意总办的建议与问题的处理方式。

租界与华界在应对不同种类与形式的户外广告蔓延的过程中，通过各种手段进行最大限度的协调、管理与规范，在一定程度上遏制了不良广告，增加了正常广告的发布与应用，增加了税收，调节了城市与户外广告之间的关系。这些管理手段无论是对于广告与城市的和谐发展，还是对于广告的管理与广告的设计，都具有一定的良性发展的意义。但是事物是两面性的，在客观、细化辩证地分析了具体政策的执行与对于户外广告设计的影响之后，也可以看出当时无论是华界还是租界主管部门在对于户外公共的管理与处理中，在各种政策执行、意见采纳方面也的确出现了很多矛盾，有些矛盾与障碍确有缺陷，也对整体的管理产生了一定的消极与负面的影响。但考虑到当时的局限性，也必须承认其对当时户外广告设计的整体发布、规范、形制设定等方面起到了诸多作用。

◎ **本章小结**

民国时期上海户外广告设计是在其演进中通过户外广告设计本体、设计内容、设计形式、种类与当时的工商美术、经济商业相互制约，不断受到设计体制、设计政策的影响的过程。一方面因为设计本身作为多方面影响的综合体，会受到社会、政局的多方面影响；另一方面因为设计运行得顺利与否、是否合乎时代要求以及这些外界影响对设计本体都具有重要的推动作用。这在很大程度也作为一种约束与推进的并行力量，集中表现在当时统治阶层的相关主管部门的行政性、强制性的规章制度中。其中，当

---

① 上海市档案馆：《上海近现代广告业档案史料》，上海辞书出版社 2012 年版，第 54~56 页。

② 上海市档案馆：《上海近现代广告业档案史料》，上海辞书出版社 2012 年版，第 54~56 页。

权者强有力的制度性调控将设计与"统治意识"进行衔接，并结合市场的具体情况，与统治阶层的不同行政管理合作或对抗。在这场博弈的过程中，既有管理方对于设计体系的明显作用，也有市场中的设计体系对管理方反作用的过程；既需要肯定各方管理对于促进设计前行与发展的积极因素，也要明晰管理过程中不合理或与实际市场相悖的情况。在我们辩证地对待户外广告背景与管理模式分析之后，从细处可以看出当时无论是租界还是华界，对于户外广告的管理都有利弊之分，这客观地体现了当时户外广告设计的部分设计思维、经营方式以及广告界所相对应的组织形式、设计管理方式等。总体上看，这些管理行为在一定程度上促进了当时经济的发展，对商业的发展起到了推动作用，也成为当时户外广告设计体系的一个重要组成部分。

第5章　近现代文化交融中的上海
户外广告设计影响

5.1　中西文化冲突中的设计问题

5.1.1　国外设计相关人员的参与

西方设计师、技师、画家等人的参与，直接或间接地影响与促进国内户外广告的发展与兴盛，这可以从对路牌广告、招贴广告、霓虹灯等形式进行的代表性分析而得出。如贺圣鼐在《三十五年来中国之印刷术》中说：

> 1904 年，文明书局始办彩色石印，雇用日本技师，教授学生，始有浓淡色版。1905 年，商务印书馆聘日本彩色石印技师和田满太郎等来华从事彩印，此道益精。

此外，1915 年商务印书馆购进用于间接印刷的海立司平版印刷机，并聘得美国技师魏拔（George Weber）进行印刷设备的操作。1923 年，商务印书馆聘请美国技师福考司特（Frost）来华指导；同年，东京一家著名的照相凹版印刷公司在日本大地震中损失严重，无法继续聘请原先在该公司工作的德国技师海尼格（F. Heinicker），而在这位技师准备离日返德时，商务印书馆得知此消息，通过各方关系与努力邀请海尼格来商务印刷馆任职，以继续开展其用照相凹版印刷杂志插图和风景名画的业务，这是中国最早引进的照相凹版技术(见表 5-1)。后来,海尼格又在上海与华人合资开办了中国照相版公司,用当时比较先进的照相凹版印刷了《申报图画周刊》等刊物和一系列的广告产品。① 这些科技的引进与吸收对于当时户外广告的发展起到了重要推动作用,而西方各国的技工、设计师、技术人员无疑成为这些技术引进与推广的重要桥梁。这种情况验证当时一些设计相关人员对于广告事业发展所起到的推动作用,在贺圣鼐、赖彦予的《近现代中国印刷术(上篇)》的结论中也存在类似的描述:历经十几年,(各个国内股市)选派精干人员到东西(日本、欧美)各国学习考察,获益匪浅,同时各大公司也不惜巨金,邀请西方高级印刷技师,教授艺徒。

表 5-1　　　　近现代商务印书馆引进技术设备和技术改造简表②

年份	记　　事
1900	收购日商上海修文印刷所,始用纸型铸铅版印刷
1904	聘请日本技师前田乙吉和大野茂雄来华指导,改进照相铜锌版技术
1905	聘请日本技师始办色彩能分浓淡层次的彩色石印,技术上已大有提高
1905	聘请日本雕刻版技师和田蒲太郎、三品福太郎、角田成秋三人来华传授雕刻铜板技术
1907	始有珂罗版,后又采用彩色珂罗版印刷新技术
1908	引进铝板印刷机,聘用日本人木村今朝男为技师,每小时能印1500 张
1909	聘请徐锡祥刻制二号楷书字模,后又刻制方头体和隶书体字模
1909—1911	请美国技师施塔福成功试制三色版
1912	始用发电机发电制作电镀铜版
1913	引进汤姆生自动铸字炉,铸字效率可达 15000 余枚/日

---

① 吴伟:《文化西游·印刷术》,华文出版社 2009 年版,第 145~146 页。
② 张树栋、庞多益、郑如斯等:《中国印刷通史》,财团法人印刷传播兴才文教基金会 2004 年版,第 555~556 页。

续表

年份	记　　事
1915	聘陶子麟刻古体活字，刻成一号、二号古体活字
1915	引进美国海立司平版印刷机，聘请美国技师魏拔来华指导
1918	聘请日本彩印技师木村今朝南来华传授马口铁印刷技术
1919	引进米利印刷机，后又引进双色米利机和双面米利机
1919	聘请韩佑子创制仿古活字
1920	引进照相石印术
1921	引进新式制纸型机，用强力高压纸型厚纸制型
1921	率先采用美国人汉林根传入的彩色照相石印术
1922	引进英国乔治门双色平印机
1922	引进德国爱而白脱公司的滚筒轮转印刷机，印速大增
1923	张菊生(元清)创制新式排字架
1923	聘请美国技师福劳斯特来华传授雕刻版复制术，引进轮转凹印机
1923	聘请德国海尼格来华教授照相凹版技术
1925	购入英美烟草公司印刷厂新从荷兰买来的彩色照相凹版设备。此后，于 20 世纪 30 年代初印制彩色影写版印刷品

　　"国内印刷的专业人员进步很快，很多人成为佼佼者，原先国内技师所控制的高级印刷技术，今天国内培养的人员、技师都可以胜任，而且国人今天所能完成的技术不仅精湛，甚至可以和西方的技师相媲美。"①这些内容说明了当时西方人员的直接作用。当然，除上文提及的设计机构中外来技师等人员的直接参与以外，还有起到更为重要作用的设计、美术人物的影响，这部分人直接参与了各式的户外广告设计，并成为主创人员，或者教授学生，或者与国内的工商美术师同台工作，在工作与设计实践中将西方的设计形式、设计理念、设计方法、设计行为、设计习惯潜移默化地

---

　　① 张树栋、庞多益、郑如斯等：《中国印刷通史》，财团法人印刷传播兴才文教基金会 2004 年版，第 490 页。

灌输或影响到当时国内户外广告从业者的制作、设计与意识中。虽然有关这部分的事迹比较稀缺，但其在户外广告设计体系中所起的作用以及具备的价值却值得我们从一些蛛丝马迹中踏踪寻迹。此处以路牌广告为参考案例，以此为据来探讨早期上海工商美术界或广告从业人员在设计等方面的局限性。早期上海的路牌广告设计与制作大多为外籍设计师、画师所掌控。当时的一些广告社雇用国外画师为其服务，比较具有代表性以及可以考证的是一位叫作朱加木生（音译）的日本画家。他当时受聘于闵泰广告社，主持该社的路牌广告绘制等工作并代授少量学徒，民国时期著名的户外广告画师赵锡奎就曾经得到他的真传。有资料说：在20世纪初期，闵泰广告社聘请日本著名画家朱加木生主持该社的油画部工作，主要负责户外广告中路牌广告的绘制。① 而当时闵泰广告社承接英美烟草公司的广告，英美烟草公司的户外广告业务量巨大且对于设计绘制有较高要求，闵泰广告社就是凭借朱加木生高超的绘制与写实技术承接了该公司的很多广告。后来的路牌广告画家赵锡奎就在朱加木生亲自教授的基础上，通过临摹西画等形式，提高自己的绘画水平，绘制了大量色彩绚烂、光影效果强烈、人物造型准确、逼真生动的户外广告作品。在朱加木生之后，上海又来了一位名叫新外角生（音译）的日本权威画家进行相关工作，也创造了一些广告作品。虽然并无相关的史料记载，但是我们相信其凭借自己的作品对当时的户外广告设计也产生了一定的影响。② 根据以上分析，可以肯定当时上海街头的很多路牌广告作品即为这些外来画家的作品，这些内容直接或间接地促进了当时户外广告行业的发展与制作设计水平的提高。同期，上海其他外国人开设的户外广告公司也引入外国设计师，如1918年由美国人克劳所开设的克劳广告公司、英国人美灵登所创设的美灵登广告公司，都是专营路牌广告的户外广告公司，它们的图画部大量使用了外籍画家作为各种广告的设计师，为上海的户外广告设计提供了很多参考与范本。这一

---

① 政协川沙县委员会文史资料委员会：《川沙文史资料·第3辑》，内部资料，1991年印行，第146页。

② 高树：《我所认识的赵锡奎》，载《中国广告》(第2期)1982年2月，第53页。

情况在当时新兴的霓虹灯行业也比较常见，如比较著名的远东化学工业社就是由美国人鲍迪安将霓虹灯的全部生产设备进口到中国并与中国商人董景安合作组建的。虽然我们不能完全肯定鲍迪安是否在霓虹灯设计上作出过成绩，但是考虑到当时霓虹灯作为一种全新的事物被进入上海，在国内一片空白的情况下，其设计、制作也极可能是依赖于国外的设计人员。

　　民国时期上海的户外广告之所以能够快速发展，是因为外国来华的很多画家、技师人员、设计师、工商美术从业者发挥了重要的作用。虽然这些外国人员在上海工作期间也存在一些问题，比如由于社会与时代的局限，很多外国的"手艺人"与画家为了谋生或者经济利益，不肯轻易地将自己的技能传授给他人。但总体来说，他们直接或间接的参与，为上海户外广告的整体发展提供了最为有力的支持，正是由于他们的外力与帮助，上海这一时期的户外广告才能成为真正的艺术、商业、技术、文化的结合体。他们通过自身或多或少的"言传身教"以及设计作品的影响力，直接与直观地将自身所掌握的设计手法最大限度地传授给上海本土的从业者。这些内容大多是西方经过长期的科技文明、艺术发展、商业运行、消费心理分析后的成熟的设计与应用，不仅成为上海户外广告发展的重要依托，也缩短了上海户外广告与世界先进水平之间的距离，让户外广告设计较快地走上了当时比较先进与前卫的发展方向，而所产生的广告形式、种类再经过国人的糅合与吸收得以交融与共生。

　　而广告实践以及广告制作则是当时其他一些形式的"教育"所传授的。在综合大学的商科教育之外，专业的美术学校与实际的广告公司为广告设计提供了相关的人才。首先我们看一些依托于当时专业美术院校的培养，如民国时期上海名震一时的上海美术专科学校（简称上海美专）培养了一批美术人才，其中有一部分人员在毕业后进入户外广告行业，成为路牌广告、招贴广告的设计者或画师，参与到了当时各种户外广告的设计与绘制实践中。这些专业的学生对于提高整体绘制水平起到了一定的促进作用，如当时重要的广告画家庞亦鹏，他虽然不是上海美专正规毕业生，但是他从嘉兴西方教会开办的秀州中学毕业以后，凭借自身的美术基础与个人勤奋留校任教,后又考入上海美专的函授班进行油画学习,他认真钻研绘画,终于成为户外广告中的路牌广告设计大师。① 当然,除了一部分专业的美术人员进入广告设计行业,还有一部分人员参与了户外广告的实际绘制与户外施工,对于这类型的工作,这些科班出身的学生并没有过多展露才华,也几乎没有在户外广告制作的历史上留下过多的记载。这个原因是多方面的,首先,实践性较强的户外广告制作,尤其是绘画分量应用较多的路牌广告绘制的实际操作与纯粹的绘画之间还有一定的差距,很多上海美专毕业的学生未必能胜任这种工作;其次,这些实际的差距需要在实践中刻苦钻研且放低"姿态"去弥补,而很多学生既不愿意承认这种"差距",也不愿意从事这些抛头露面的户外广告制作工作,成为其无法融入这个行业的重要阻碍。除专门的美术学校之外,社会上很多以师徒关系为纽带的画室,如"稚英画室"②"白鹅画室"③等社会化的师徒性质的"教育培训",反而让一部分人在一定程度上转去了户外广告设计行业,成为户外广告设计另一种重要的组成形式,也成为培养广告设计师的另一个途径。据著名广告设计师丁浩回忆:在民国广告行业内,职员里有从美国回来的(如陈康俭),有师傅带徒弟带出来的,也有从上海美专毕业的。丁浩先就是当了两年的实习生之后才成为小职员。④

---

① 叶心佛:《自学成才的广告画家庞亦鹏》,载《中国广告》1981 年第 1 期,第 47~48 页。

② "稚英画室"是以杭穉英等人为基础成立的学徒式美术培训、经营为一体的公司,主要以当时其所擅长的月份牌为主要绘制方向与人员培养方向,故其对于户外广告设计所产生的作用有限。

③ 陈秋草名羽,号犁霜、实斋、风云楼主,于 1923 年毕业于上海美术专科学校又号劲草。鄞县(今浙江宁波)人,生于上海。历任上海明星影片公司、上海大理石厂美工。1928 年与潘思同、方雪鸪创办白鹅画会及白鹅绘画研究所,先后主持出版《白鹅年鉴美术杂志粉画集装饰美》等。马海平:《上海美专名人传略》,南京大学出版社2012 年版,第 280 页。

④ 2010 年 3 月丁浩访谈,参与人:哈思阳、孙浩宁、张馥玫。转引自张馥玫:《20 世纪中国产业环境下的设计体制研究》,中央美术学院 2014 年博士论文,第 66 页。

　　不过以上专业人员的培养并未成为当时户外广告设计制作从业人员的主体，而大量作为主体的从业人员的设计培训与教育则来自于实际经营的广告公司与广告社。他们以内部师徒性质的传授关系为纽带，以在第一线工作为教学方式，培养当时户外广告行业的主力军。由于多方面原因，很大程度上，只有这部分学徒愿意终身从事这种工作。在广告社、广告公司中，前辈或师傅将这些技术传授给一些进入广告公司或广告社中谋生的学徒，而这部分从业人员绝大多数属于贫苦人民，未受过正规的教育，只是由于生活所迫或家庭贫困等，通过乡党、亲友介绍等途径进入所谓的广告公司(早期称为广告社或招牌作坊)。这些人员与其他行业的学徒工没有太多不同，其目的都是为了能够得到一些基本的生存保障，学得一技之长以后养家糊口，即使是民国时期最著名的户外广告重要人物王万荣、著名画师赵锡奎等，其最初进入这一行业也是如此。这一行业中很多人员都有类似的学徒经历，这种代表着传统意义上的师徒关系的"受教育"人员，最终成为当时上海从事各类型户外广告制作、设计工作的主力军。不过，这种师徒关系在民国时期的上海也受到了近现代文化与制度、认知、经济动荡的冲击，已经不那么稳固，尤其学徒工期满以后不能在原培训地工作这一实际情况表现得尤为明显，学徒学完之后仍需为生计奔波，这就导致学徒在非常不利的背景下独自闯荡，这在当时给很多年纪尚小的学徒带来巨大的生存压力。但这种情形在一定程度上具有积极意义，它更接近现代教育的培养、就业模式，即"培训"与"工作"分开，也在一定程度上是户外广告设计中各种技艺得以传播的必要途径。而且，在巨大的生存压力面前，他们所掌握的技能是其生存与生活的唯一依赖，也是促使其依靠这种技能的绝对性与唯一性因素。为了生存，他们在依靠既有能力的基础上认真地钻研与开拓，这是生存压力导致的，也极大地促进与催生了其勇于创新、认真完善的意识。同时代的叶浅予也有类似经历，当时他在三友实业社广告部已有一份工作的情况下，为了巩固自己在公司的地位，提高自己的业务水平，经常跑到南京路上去"逛街"。当时南京路上几家比较大的商场店铺都有自己的宣传广告牌，其中先施公司的广告牌面积最大，每个橱窗（广告）之间树立有长条广告牌，总共有七八块，上面画着各种各样的货品，定期更换以吸引顾客，叶浅予在南京路"逛街"的一年中，有空就去"学习"当时的路牌绘制、橱窗设计，尤其是先施公司的大路牌广告画笔泼辣、色彩夺目，成为叶浅予临摹的榜样，一年间他认真地学习了每一张广告牌。①民国时期上海户外广告从业者们所拥有的更多的技能则需要其本人从学徒身份出来后、进入社会的打拼过程中，非常主动、积极地去揣摩与学习，虽然其中很多人文化程度不高，甚至还认不全自己在路牌广告上绘制的文字，但这种学习的动力与压力是天然而成的。相对于其他各种广告学校、美术学校以及在实际工作中松散的培训，这些看似并不重要且杂乱无章的教育形式汇流后，成为当时培养户外广告设计者与广告画师的主要方式。当然，没了学校正规教育的依托，也促成这种教育形式摆脱了正规院校的束缚，带来了很多有趣且超乎寻常的设计与作品。其他还有一些在一些公司或部门中进行的更加非正式的教授与培训，如英美烟草公司广告部在所延请的外国设计师、画师的带领下，成为当时上海户外广告传授、教育的主体。不过在这些"松散"的专门化培训中，也有一小部分人迅速将自身所研习的技法进行传播，如当时费梦麟最早工作于英美烟草公司广告部，在英美烟草公司工作期间，他不仅学习与掌握了大量路牌绘制的技巧与方法，还成为这一时期重要的户外路牌广告的传授者，培养了大批户外广告绘制人员。

西式的正规院校教育＋美术机构的培养＋师徒形式广告画师的培养共同构成了这一时期的户外广告教育与培训的整体框架。当然这些培训有时也是相互结合的，而培养的设计师的功能也并不是单一的，他们可能从事一种或多种户外广告设计工作，根据生计需要或其他原因在员工、老板、设计师之间不停地变换着自己的身份，从整体上形成了户外广告

①　叶浅予：《细数沧桑记流年：叶浅予自传》，中国社会科学出版社2006年版，第51页。

设计的从业群体，为民国时期上海户外广告的整体发展与设计起到了重要作用。

5.1.2　户外广告本体的多元价值属性

在上海这种早期通商城市中，买办、新商人阶层逐渐兴起，他们热衷于使用洋货、住洋房、引进西洋体育活动和文艺形式。早在 1877 年上海西侨就在上海圆明园路建造了一所木结构的剧场——兰心戏院（Lyceum Theatre），作为西人爱美剧社（大英剧社）的演出场所。清人王韬就曾记下他初观西人戏剧的观感："演剧时，山河宫阙，悉以画图，远望之几于逼真"。① 此后，消遣娱乐行业的内部竞争导致建筑装饰业也逞奢斗华，如上海竹枝词曾记载戏院装潢之奢华："群英共集画楼中，异样装潢夺画工。银烛满筵灯满座，浑疑身在广寒宫"。② 而进入民国以后，西方的幻灯片、电影等娱乐方式与中国传统的戏剧、戏曲并存，这些具有固定或短期周期内上映、演出要求的"特殊商品"，为了在开演前的短暂时间内最大范围地传播演出、上映信息，开始发布广告，成为当时户外广告中非常有特色的类型。

20 世纪初期的"张园"就存在这种电影放映情况，其在《申报》《新报》等上发布公告，并在一些临时搭建的竹篱笆的外面张贴简陋的招贴广告。而到民国中后期，各大电影院建立以后，为了商业的竞争，电影公司、电影院等制作与设计了大量电影宣传公告，放置在各大电影院的入口处。这些电影广告宣传牌放置的形式也比较具有规范性：一般是在最为重要的门口上方放置为即将上映的电影特制的电影广告宣传牌，可以是绘画性质，也可以是立体模型，也可以是霓虹灯样式。如当时的大光明电影院在 1934 年《放荡的女皇》上映期间（见图 5-1、图 5-2），就在入口上方制作了大型立

---

① 转引自李长莉：《近现代中国社会文化变迁录·第 1 卷》，浙江人民出版社1998 年版，第 189 页。

② 《申报》1872 年 7 月 9 日。

体广告。制作精良的各式门头广告相互映衬(见图 5-3),这些广告有时也可能是采用跑马灯、霓虹灯、立体模型等多种技术手段的广告形式(见图 5-4、图 5-5)。这一特点主要是针对电影、戏剧等行业成为夜间消费高峰设定的,一方面起到广告招徕的效果,另一方面也起到识别与照明的作用。如民国时期南京大戏院上映 1937 年版《罗密欧与朱丽叶》(见图 5-6)时,就在入口的广告招牌设计上使用了多种手法,有照明的跑马灯,也有绘制的人物形象等。在电影院的入口两侧一般则是放置绘制精细的电影剧照(海报)等(见图 5-7),而在其墙壁的左右两侧一般则是与之呼应的稍微小一点的招贴广告,还有可能是不同类型的广告的多样化同步宣传。当然,这种针对电影院入口处的宣传,各个电影院根据自身的需求与环境的不同稍有区别,但整体上都是为了宣传即将上映的电影(见图 5-8)。

图 5-1　1935 年《放荡的女皇》电影海报与大光明影院入口
　　　　上方的立体户外广告①

图 5-2　《放荡的女皇》
　　　　电影海报

---

①　这种户外广告一般是根据美国原有剧照进行加工设计的,如《放荡的女皇》上映时就根据原有海报制作了立体广告牌,这种巨幅的电影广告牌高约 20 米、长约 25 米,对于当时的人们的确有一种震撼作用。

图 5-3　民国时期上海麒麟乐府周信芳《斩经堂》立体广告

图 5-4　民国时期上海黄金大戏院户外广告的应用(白天灯泡照明的效果)

图 5-5 民国时期上海黄金大戏院户外广告的应用（夜间灯泡照明的效果）

图 5-6 南京大戏院 1937 年版《罗密欧与朱丽叶》户外广告

图 5-7 民国时期上海电影院入口处广告以及两侧的小型路牌广告

115

图 5-8　民国时期上海南京大戏院整体户外广告设计

　　这里需要强调一点，路牌广告所采用的绘制内容基本为电影剧照或者重要的角色，经常需要绘制大幅的头像，而这些人物形象的绘制与其他商品类头像的绘制有细微差别，即这些现实中存在的真人（电影演员）的绘制必须惟妙惟肖，必须比较相像。这与绘制现实中不存在的鬼怪或者人物形象不同，人们在电影或照片中能看到这些真人的面孔，所以绘制这些内容必须有深厚的写实功底，这也是电影路牌广告制作过程中的一个特点，而当时并非所有人都能做到这一点，如《申报》所述：

　　　　……表现智慧与性灵最为深刻的要算电影广告绘制了，所谓"明星"的面孔原是妇孺皆知，非乡间灶头上画几个人间从未见过的神仙可比：准确、生动、丰美，仅凭一张照片就可移上立体的路牌，是一件颇为艰巨的工作，……马霍路口一张《夜店》广告，将近二十个明星都是时下闻名人物，妍媸忠奸，各如其人，每只神采奕奕的面孔，着实受到过路人的赞赏。①

————————————

　　①　佚名：《商业竞争日益剧烈、路牌广告突飞猛进、空壁楼顶都成良好基地、二百平方尺价逾五千万》，《申报》1948 年 3 月 15 日。

在民国后期，户外广告在电影院日常的宣传中占据很重要的一部分，同一部影片中，宣传能力的高低直接影响到营业收入的多少，因此影院、戏院一般会聘请专门人士来经营广告事业。也有一些大型的广告牌、霓虹灯、路牌作为电影等娱乐行业的广告宣传，但从数量与宣传力度上看，路牌、电影海报等是电影广告中最为重要的宣传方式。① 综合以上不同的户外广告形式与宣传功效可以发现，户外广告与电影行业的发展可谓相互互补与映衬，一方面电影的发展催生了海报等为代表的专业化极强的宣传形式，另一方面也促进了电影行业的整体发展；这种相互依托与配合的默契也是其他类型的广告所不能比拟的（见图 5-9、图 5-10、图 5-11、图 5-12）。这也说明了户外广告所承担的社会作用与社会隐喻及其相互契合，都属于时代发展中的流行文化，对时代的发展起到一定的促进作用。

此外，对于娱乐行业的户外广告，在整体的城市现代化推进过程中，还要看到其的确存在不利的一面，因为人们对娱乐的需求更是一种"饱食思淫欲"的本能。这种需求促使变革的"痛苦意识"被虚假的"幸福意识"所取代，他们往往容易沉沦俗世、其乐陶陶。大众传播受众所遭受的，是身心两方面的全面被控，他们的生活行为风格、消费习惯甚至内在需求和内心愿望，全部受到大众传播的控制。对于大众传播而言，它的消费者不是上帝，而是奴隶，虽然"是地位提高了的奴隶，但仍然是奴隶"。② 作为麻木不仁、心满意足的奴隶，大众传播受众目光短浅、软弱无力，既不会发现、更不会反抗严重的人性异化和社会不公，对于现实的政治关怀已经转变为彻底的"明哲保身主义"。③ 这种片面追求娱乐的情形，反而让户外广告处于一种"负面影响"的境地。这种负面效应甚至还有一些极端的表现。据 1937 年 3 月的《新闻报》记载：

---

① 赵伟清：《上海公共租界电影审查（1927—1937）》，上海交通大学出版社 2012 年版，第 115 页。

② ［德］马尔库塞：《单向度的人》，张峰等译，重庆出版社 1993 年版，第 30 页。

③ 陈学明：《哈贝马斯的"晚期资本主义"论述评》，重庆出版社 1993 年版，第 35 页。

图 5-9　民国时期上海电影院户外广告(一)

图 5-10　民国时期上海电影院户外广告(二)

图 5-11 民国时期上海街头进口电影《天方夜谭》的路牌广告

图 5-12 民国时期上海街头国产电影《乘龙快婿》的路牌广告

　　　　第一特区市民联合委员，邱嘉樑之女金珠，年仅十一岁，日前因
　　见《夜半歌声》之恐怖广告受惊身亡一案，市联会据邱式报道，已转函
　　工部局加以取缔……情形如下：南京路新世界西首空地上，竖有巨幅
　　广告牌数方，该处适在一、二两路电车停车地站，故极为人注目。最
　　近金城大戏院因开映《夜半歌声》一片，特在该处设置装置一极可恐怖
　　之广告，牌上绘以形同僵尸之老妇，身高丈许，两目注以电，两手伸
　　起，指爪锐利，能随风展动，状若恶魔，令人心悸。①

　　由于广告设计过于逼真出现的吓死孩童事件，一方面说明了当时的广
告宣传缺乏公共媒介的意识，仅从宣传与利益化的角度出发，没有考虑到
公共环境的视觉形象与人类视觉心理的底线的相互影响；另一方面也说明
了当时广告商在立体广告设计上的技术运用的成熟程度。

5.2　户外广告与社会变换之间的相互影响

5.2.1　户外广告在时代更迭中的沉浮

　　近现代上海的户外广告不仅是近现代设计的起源之一，也是大时代背
景下经济发展、社会流变的印证。

　　民国初年至 1927 年之前，军阀混战，上海的户外广告没有统一的广告
管理，尤其是在华界地区。1927 年之后，随着上海特别市公用局的成立，
户外广告开始被纳入正规的管理中，户外广告的类型和种类也进入到最为
丰富的时期。到抗日战争爆发之前，上海的户外广告跟随时代的发展已经
达到多种样式与形式的顶峰，包括霓虹灯广告、双层汽车广告等。同期，
以美国公司为代表的彩绘路牌广告也是盛行的户外广告形式之一。而租界
地区的户外广告也建立了大量专有的户外广告场，用于户外广告的专门化

---

　　①　佚名：《夜半歌声吓死孩童事件》，载《现代父母月刊》1937 年第 4 期，第 4~5
页。

发布。

1937 年至 1945 年，日本全面侵华以后，户外广告的设计全面凋敝，随之而来的是日本的产品"大学眼药""翘胡子仁丹"等广告成为最为主要的形式。而在这一时期，"孤岛效应"也促进了上海本地经济的畸形发展，而个别户外广告公司却在这一时间段得到了发展，如日本人成立了太平广宣广告公司，用以控制上海的广告市场。在此期间日本为了全面侵华，也利用户外广告进行间谍活动。日军侵略中国时，城乡各地到处都可以见到莫名其妙的"仁丹广告"，上面画着个东洋老头留着八字胡子。日本的特务就利用了这种表面上的"仁丹广告"，将其作为日军行进过程中的路标暗记。其画法还有所区别："八字胡子微微向上翘起，证明此路畅通无阻；八字胡子的左角向下垂，即表示左转不通，应向右转。八字胡子的右角向下垂表示右转不通，应向左转。"①（见图 5-13、图 5-14）在抗日战争后期，随着战局与政局的变化，霓虹灯广告由于夜间的穿透力与能够照明的原因，也成为社会变幻中不得已的另一种表征；如（1942 年 8 月 31 日）"如上海特别行市沪西警察局布告（布字第一七九号）：查关于沪西区防空灯火警戒管制事宜，业于本月二十二日经沪西区有关各机关会议决定，遵照日本陆海军防空总司令部规定之训练灯火管制，于八月二十五日十九时三十分起至廿三时三十分止，实行下列各项办法：各种装饰用之灯光、广告牌之灯光、商店铺面之灯光以及其他类似之灯光均应熄灭……"②

1945 年至 1949 年，抗战胜利以后，很多企业准备进入一个良性的发展阶段，但是同一时期由于政治等原因，美国产品大量倾销进来，民族工业受到巨大的打击，这一现象也反映在当时户外广告的类型与风格上。在这一时期，英法等国失去了在上海的租界，反而是美国在"二战"后大量倾销其剩余产品，占据了上海乃至中国的主要市场，以至于当时的上海滩全部都是美货的天下。各式户外广告牌中的美国产品以及与此相关的美式风格的户外广告充斥街头，金发碧眼的欧美女性形象与各式产品大行其道，

---

① 佚名：《日本"仁丹广告"的秘密》，载《支部建设》1995 年第 10 期，第 25 页。
② 上海档案馆：《日伪上海市政府》，档案出版社 1987 年版，第 249~250 页。

成为普遍的户外广告形式(见图 5-15)。而这一时期日伪遗留下来的广告场尽数为荣昌祥广告公司为首的国内广告公司收入囊中。

图 5-13　胡子向下的"翘胡子仁丹"　　　图 5-14　胡子向上的"翘胡子仁丹"搪瓷广告牌

　　户外广告虽然是一种商业与经济的附属品，本身起到的作用也仅限于产品的宣传与促销，但是在特殊的环境与社会变革下，其本身也不得不受到时局、政治等方面的直接影响，使其在生活与社会中或多或少地承担了经济、宣传、产品与政治、时局变化的关系。户外广告在某种意义上进行的宣传与信息释放更体现出一种社会化的精神，只不过是通过广告表面的图形图像进行表现而已。这些作用体现在时代变革这种认知化的变迁中，透过这种变幻多彩的海报、招贴的设计，更加彰显户外广告自身的内容，让大众切实地感受到时代正在发生着翻天覆地的变革，感受到一个时代的开始与另一个时代的结束。

图 5-15　20 世纪 40 年代上海街头充满美式风格的户外广告

5.2.2　户外广告对市民认知的影响

　　这些让人浮想联翩的户外广告存在于上海这个城市中，通过各式的图形、文字、霓虹的表现，向城市、向人们传递现代化的都市信号。在这些各式各样的户外广告中，有的是疯狂渴求的动力，有的是对于世界一角的窥探，也有的是一种虚幻生活的向往。当这些印象成为人们对于上海独特气质的感悟时，上海的摩登也自然显现了出来，如在民国后期抗日战争刚刚结束的时候，很多美国水兵滞留上海期间，看到这里上映着几乎与美国同步的美国电影，看到自己熟悉的家乡产品的广告时，他们纷纷在这些广告画前合影纪念，他们在感受上海的摩登的同时也体味着类似自己家乡的感觉，通过这些广告画感怀思乡之情。这一切可以从当时的著名记者杰克·伯恩斯留下的包含了大量户外广告的摄影作品看出，这些户外广告的照片、组图是构成上海独特气质的一个部分，也是当时的户外广告所带来的视觉与时代的冲击的一个角度。

面对繁华的、五彩缤纷的户外广告所呈现的上海都市的摩登、繁荣消费，我们仍要清楚认识到一点，它并不完全是真正意义上的大众文化与市民消费。这种户外广告的繁荣的一部分内涵与西奥多·阿多诺在《文化工业及其再思考》一文中指出的"大众文化"本质含义具有相似性。西奥多·阿多诺认为："'文化工业'取代'大众文化'，原因是消除一种误会，即人们往往望文生义，以为大众文化的特点出发为大众服务，大众文化实际上是种控制文化。"①一定意义上，上海户外广告的消费也并不是完全等同于普通大众的消费，而是冠以"大众"名义的有权有利阶层的专属物。法兰克福学派曾这样描述大众传播的受众："文化工业不仅说服消费者，相信它的欺骗就是对消费需求的满足，而且它要求消费者，不管怎样都应该对他所提的东西心满意足。"②"消费者可以随便地把他的冲动、欲望投射到摆在他面前的商品上面。观赏、聆听、阅读一个形象的主体将会忘乎所以、无所谓、幻灭于其中，直到全面被控制的地步。"③在面对都市繁华多样的户外广告以及广告所宣传的商品时，人们可能会认为某种减肥药可以让人尽情吃喝而不担心肥胖，某种服饰可以让人瞬间进入精英阶层。广告所提供的理想生活和平庸生活之间，仅有一步之遥，跨过这一步既易又难，就是需要消费，而不需要任何的努力与耐心，但没钱就办不到……这种由广告带来的西方价值观对世界产生了类似的影响。从这里可以看出，户外广告的优异与优越，在通过艳丽的色彩、裸露的舞女、诱惑的商品图形吸引大众之外，本质上所呈现的是一种并不针对大众服务的浅显的认知，而且这个认知并不是真正的"大众化设计"，仅是称为"大众文化"而已（与上文提

---

① Theodor Adorno. *Culture Industry Reconsidered*, http://gadfly1974.nease.net/articles/classical05.html, 2007-05-09。

② ［德］霍克海默·阿多诺：《启蒙的辩证法》，洪佩郁等译，重庆出版社 1993 年版，第 133 页。

③ 唐正序、冯宪光：《文艺学基本理论》，四川大学出版社 1988 年版，第 382 页。

及的"大众文化"一致）。它所带来的影响更多的不是实际的需求满足，而是一种欲望的引诱与紧随其后的压制。对于真正的大众来说，这种大众艺术形式不是纯化愿望，而是压抑愿望。这些目的所引起的户外广告对于这些产品的过度宣传，在一定程度上已经超出了正常需求的范围。在民国时期上海的环境中，虽有"风花雪月"的"阳春白雪"，但是更多的仍旧是广大百姓与市民阶层。他们每天的生活更多的是挣扎在生活、住房、食品等最基本的生存线边，这种过度夸张、直接的广告形式在一定程度也是受众心理发生扭曲与变化的根源，正如孙科在《广告心理学》中写道："并须令阅者发起购买此种物品之欲念，或觉得有必用此物之需求，故新式之广告，不仅在使人知卖广告者有物待沽，实在劝导阅者之来买其货品，实言之，广告之用意在制造阅者之欲念而已。"①这种大幅的商品本身写实性的展示，也是一种强迫观看，吸引了更多社会生活单调、信息匮乏的中下层人群，人们对于户外广告所表述商品的渴望与追逐，通过美术、设计、广告语等多方面元素进行重新包装与定位，深入到不同社会阶级中去。所有看过的人即使没有能力消费，但感觉并不遥远，也并不陌生，还会臆想自己在未来能有消费能力，从虚拟假想消费中感受到乐趣。这种感受是通过户外广告的无差别的位置、地理环境、设计内容所体现的，是其他类型的广告形式无法实现的。

在这样一种"痛苦意识"被虚假的"幸福意识"所取代的思维错觉影响中，很多生活并不富裕甚至是贫穷的人们也陷入了沉沦俗世的状态。当时上海大量贫苦人群面对这种"摩登"文化时所表现出来的麻木与迷惑，更是当时"城市化"彰显出来的剥削与殖民的证据，于此，需要我们从所谓"社会进步"的角度中跳出来，在对户外广告与城市的结合进行多重辩证分析后，形成另一种民众化认知。

◎ 本章小结

20 世纪初期至中后期的上海，依托于自身的地域特征，在西方科技涌

---

① 孙科：《广告心理学》，载《建设》1919 年第 1 卷第 1~7 号，第 1 页。

入的过程中，主动或被动地引进与吸收了相关技术，对于当时户外广告发展起到了重要推动作用。西方的先进技术与设计理念，西方各国的技工、设计师的加入等，这些内容相互交织，影响了这一时期户外广告设计的发展与演进，同时又促进了户外广告的多元化演绎与发展。例如在当时具有代表性的行业——电影院、戏院中，不同的户外广告切入其中，形式了专有化的电影海报与戏院海报，其与电影行业的发展相互互补与映衬，在默契的配合中承担了商业宣传的责任。

此一阶段的某些户外广告不仅是商业文化的产物，也是时代变更的缩影。从本质来说，广告尤其是户外广告作为一种大众化传播的公共媒介，它无差别的 24 小时不间断地传播信息与各种文化、图形符号。正是这种面对大众的特性，促使了户外广告要符合时代背景下人们的各种需求，不仅体现了商业需求、物质需求，也承担了一些社会化的因素，在特殊时期被政治化、军事化的力量所裹挟。

户外广告在 20 世纪初期至中后期的上海，不仅是商业文明的体现，也是多元化背景下社会化演进的产物。其所处的特殊历史时期与背景下，承担了设计价值与商业价值之外的多种社会化属性，但这些内容都成为研究这一时期户外广告设计的不同侧面，值得我们从全局视角进行整体的归纳与逐一剖析。

第6章 20世纪中后期上海户外
广告设计体系的影响

到 20 世纪中期，中国的社会转型已经带动了经济、文化的同步发展，几十年的时间，在这个发展与演进的过程中，逐步形成了户外广告自身独特的广告体系，这种体系不仅是设计与广告的本体，也同步存在于都市空间中，并蕴涵于当时的社会体系中。辩证来看，在当时，这种带有明显的设计进步与时代背景的广告设计，总体还是带有进步的特征与价值。这包括户外广告设计中相关的设计实践、设计理论、设计公司、设计人员、设计变迁等内容，都在这一时期自发或不自主地进行了文化与设计内容的总结。这些总结不仅是对于近现代几十年的回顾，更是对于下一时期整体构架的建立，尤其是社会转折期承担了应有的起承转合作用，其影响一直延续到新中国之后的设计体系中。本章总结了 20 世纪中期以来上海户外广告中各个部分最具有代表性与影响力的事件的作用，还整理了上海户外广告设计的成就，无形中起到了对当代中国设计体系起点认知的开拓作用。

6.1 近现代上海户外广告设计的体系化

近现代上海户外广告从幼稚的广告形式与广告组织(广告社)发展到具有相对完整的体系的历程中，不仅广告本身的设计与功能具备了更为深入的理解，也促使了专业化广告公司管理运营逐步完善。其中，很多广告公司是在西方商人或留学归国人员的带领下创建的，可以达到西方广告公司先进的管理水平；在此基础上，随着户外广告的行业壮大，从事户外广告的相关人员数量更为复杂、人员更为多样化，逐渐形成了行业内的再次细分，产生了设计与制作的专门化分工。这种更为专业化的细致分工，除了明确户外广告设计、制作、安装等重要步骤的细节、操作之外，也培养了一批专业的户外广告设计师、画师等专业人员；而同期许多著名画家的直接参与，不仅在一定程度上响应了户外广告的设计大局，也为其提供了必要的商业美术设计的艺术源泉，提升了当时的工商美术与户外广告的整体设计水平，他们的设计内容经过整合，被应用到各个设计领域，不仅存在于广告招牌中，也存在于多种样式的招贴广告中。它们相互作用，相互合力，共同推进了民国时期户外广告设计的专有体系发展（见图 6-1、图 6-2、图 6-3）。

图 6-1　屈臣氏广告招贴

图 6-2　可口可乐广告

图 6-3　20 世纪 30 年代上海豫园九曲桥的广告招牌

6.1.1　商业美术形式与户外广告之间的互相影响

　　近现代上海时期报纸、杂志等印刷品的普及也让这些美术形式之间产生了明显的变化。尤其是当时的很多杂志设计制作精美，众多商业美术师为其添加了各式插画，如当时的"丁悚，擅长黑白人物画，主要绘制报纸广告……他以粉红色调设计的'红锡包'香烟广告画，不仅大量印成招贴画张贴街头，还制作大型宣传路牌置于街头，影响很大"。① 当时除各类杂志中的美术作品之外，以插画、漫画为主的一些画报类杂志也对户外广告设计起到了重要作用。如当时上海的《神州画报》《时代漫画》(见图 6-4、图6-5)《上海漫画》《独立漫画》《民立画报》等，这些画报与杂志用看似幽默、

---

　　①　《上海通志·专业志》，http：//www. shtong. gov. cn/Newsite/node2/node82538/node84939/node84942/node84972/node84974/userobject1ai87025. html，2008-12-07。

诙谐的方法讥讽时事或表达主题，但其本质是将艺术空间与人们日常生活空间高度融合；及时、巧妙地反映、表达大众的趣味或喜怒哀乐的现代漫画是伴随着现代城市的发展而兴起的，这种独有的城市文化融于现代城市的公共空间和特有的市民文化中。① 这种现实生活的内容与人们的日常生活息息相关，这一点与户外广告与人民生活相关的本质是一致的。针对这种现实意义的共通性，很多广告设计也采用了讥讽、诙谐的手法，在广告中巧妙地体现"漫画"的设计概念。这些手法在民国初期的海报设计中几乎未见，而在民国中后期的宣传广告中却成为一种独特的表达类型。将户外广告与漫画形式结合的独特、新颖的表现手法，在当时成为一种不仅"时髦"而且"经济"的手段，这种表现与设计手法不同于一般的产品宣传，即直接的产品图形图样的表现，而是通过漫画所具有的故事性与情节性吸引受众，成为一种具有时间性与动态性的"设计"。正如当时《时代画报》主编鲁少飞所说的："我们认定最经济、最有效的方法就是用漫画来宣传，像戏剧里的角色似的，把一个人的经历扮演出来，让顾客自己好像亲临其境地得到一种体会，不期将注意力集中在这新发现的商品上。由此，新商品用漫画的方法来宣传，方能获得大的顾客。"②漫画本身作为一种相对独立的艺术形式，在与广告结合后，不仅可以发挥自身的时尚、幽默、夸张等特点，也使得当时的广告设计的手法更加多样化与时尚化，这样不仅可以打破当时各式招贴设计中盲目与大量使用各式美女等的"通俗"固定手法的局面，也在某种程度上将漫画的时尚元素与商业广告相结合，共同促进上海工商美术的整体发展，对工商美术以及时代进步起到重要作用。在借鉴画报、漫画的部分主题性内容之外，户外广告对其更多的借鉴还是集中在不同的画面风格与制作方法上，对于一些杂志与画报上的文字设计，如图形、色彩的使用以及排版都成为当时很多户外广告设计师与画师最为直接

① 陈惠芬等：《现代性的姿容——性别视角下的上海都市文化》，南开大学出版社 2013 年版，第 251 页。

② 鲁少飞：《愿国货界利用漫画广告》，载《广告与推销》1935 年第 1 期，第 79页。

的学习范例。

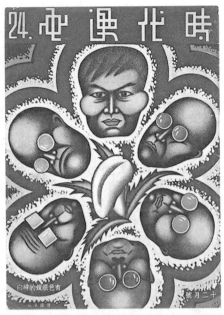

图 6-4 《时代漫画》封面一   图 6-5 《时代漫画》封面二

6.1.2 共生背景下艺术组织的融合发展

一些艺术团体、社团也对户外广告的发展起到了融合作用。当时上海成立了诸多文化团体，这些文化团体类型各异，其中也有一些是以美术、工商美术为主题的团体。在这些团体的产生与发展，以及它们的集社活动中又产生了不少的美术作品、设计作品，通过这些作品又或多或少地形成了一些艺术思维，产生了一种自上而下的传达与波及作用。因为这些团体中的美术家，自身也是某个行业的工商美术画家、设计师，同时也从事各种商业美术设计工作。

在各类不同的团体、协会中，中国工商业美术家协会比较具有代表性。1934 年春成立于上海，由王康昌、赵子祥、徐民智等发起创办。中国工商业美术作家协会作为中国第一个提倡实用美术的学术团体在同年秋举办第一次商业美术展览，从而开商业美术展览之先河。1935 年 10 月，该协会正式举行成立大会，选举叶鉴修、王康昌、赵子祥等 7 人为理事，聘潘公展、雷圭元、张聿光、汪亚尘、陈之佛等为会董。1936 年，上海举办了一次全国性的商业美术展览会，内容包括广告招贴、包装设计、装饰设计等。该协会组织会员与工商客户广泛联系，开展工商美术设计，并设有商业美术函授学校。出版《现代中国工商美术选集》(见图 6-6、图 6-7)第一集和第二集(均为会员作品)。① 在其出版的美术选集中，大量刊登各位美术家设计的各种商业广告(见图 6-8、图 6-9)。② 除此之外，1931 年，阳太阳、庞薰琹等人组织的"决澜社"也以喷绘的表现方法创作广告招贴作品，并举办过一次展览。③ 在其中出版的美术选集中，大量刊登各位美术家设计的各种商业广告。如赵子祥设计的绢伞招贴，王宸昌设计的西湖旅行招贴，徐民意设计的赈灾招贴，陈亚平设计的花店招贴、丝袜招贴等。④ 这些广告设计未必都被运用到现实的广告招贴设计中去，但是其潜移默化地影响到了当时的户外广告设计。这本专业性质的工商美术杂志虽然由于时局的原因仅出版了两期，但是对当时招贴等类型的设计还是具有重要的参考意义。这些活动对于普及广告知识，提高招贴设计水平，甚至提高路牌等户外广告的设计水平，都有直接或间接的影响。

---

① 　本部分内容参见上海通志编纂委员会：《上海通志 第 8 册》，上海社会科学院出版社 2005 年版，第 5426 页；袁熙旸：《中国现代设计教育发展历程研究》，东南大学出版社 2014 年版，第 57 页。

② 　现代中国商业美术选集编委会：《现代中国工商业美术选集(第一集)》，中国工商业美术协会出版社 1937 年版，第 5、7、34 页。

③ 　《上海志·专业志》，http：//www.shtong.gov.cn/node2/node2245/node73148/node73151/node73201/node73233/userobject1ai87025.html，2008-12-07。

④ 　现代中国商业美术选集编委会：《现代中国工商业美术选集(第一集)》，中国工商业美术协会出版社 1937 年版，第 5、7、34 页。

图6-6 民国时期《现代中国工商美术选集》第1集的封面(设计：张雪父)

图6-7 民国时期《现代中国工商美术选集》第2集的封面(设计：张雪父)

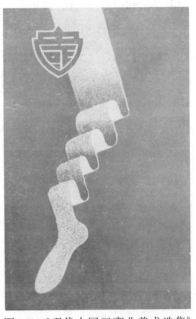

图6-8 《现代中国工商业美术选集》(第一集)所刊登的招贴(一)

图6-9 《现代中国工商业美术选集》(第一集)所刊登的招贴(二)

虽然户外广告的发展过程，与当时的商业行会、商业同盟、艺术团体等关系并不密切，但这些不同的协会、行会、组织的设计作品都是偏重于专业化的设计，这些设计所形成的潮流对于当时的社会与户外广告的发展都产生了重要的影响。这些不同的艺术团体在相互影响的过程中，帮助与促进了商业美术的整体发展，从而影响了户外广告类别的发展与完善。不过要注意一点，这种带有专业性质的协会有别于商业化的广告同业公会，前者更为偏重于专业性美术、设计等方面的规范与组织。

6.2 户外广告设计公司的价值分析

如果将民国时期户外广告体系比作一棵大树，那么不同的户外广告公司则是不同的"根系"，提供养分，促使其枝叶繁荣、开花结果。当时从事户外广告经营的公司或机构组织，类型多样，既有大型的厂商如商务印书馆、颐中烟草公司、华成烟草公司等公司，这些公司都附设专部负责一切广告事宜，也有专业化的广告公司如华商广告公司、联合广告公司，对外承接户外广告业务；当然，更有专门化的户外广告生产制作公司，如荣昌祥广告公司、美灵登广告公司、克劳广告公司等。其中，荣昌祥广告公司是民国时期最具有代表性的，也是规模最大、持续时间最长、类型最完整的专营户外广告的公司，尤其在民国中后期，荣昌祥广告公司成为上海乃至全国最大的户外广告公司，无论是作品、公司规模还是人员在当时极具代表性，这种行业地位与设计影响力甚至延续至1949年中华人民共和国成立以后。

6.2.1 荣昌祥广告公司的影响与运行机制

1912年，宁波鄞县人王万荣①由于家庭生活所迫辗转来到上海，先后

---

① 王万荣原名王兰生，鄞县人。1912年到上海，相继在又新广告社和闵泰广告社当学徒，后在凤阳路66号开设荣昌祥广告社，承做土木工程和油漆广告，继而开始做路牌广告。引自金普森、孙善根：《宁波帮大辞典》，宁波大学出版社2001年版，第44页。

在又新广告社与闵泰广告社做学徒工。[①] 其中，闵泰广告社的主要业务是专门为英美烟草公司制作路牌广告，这让王万荣有机会接触与学习了当时最为先进的户外广告设计、制作等流程。学徒期满以后为了生计，他偶然间"设计"了一种新型的户外广告牌，即将原有固定形式的户外广告换成可携带形式的户外广告牌，[②] 得到了英美烟草公司广告部门的肯定。王万荣于1920年9月在上海凤阳路66号正式创办了荣昌祥广告社，经营路牌墙壁油漆广告。[③] 根据王祖升老人回忆：

> 王万荣当时通过他的二叔父王楚亭（也是王万荣的发小、邻居、同乡）的介绍进入钱大坊招牌店做学徒，后来进入闵泰广告社做学徒，在其三年学徒期满之后，仍未能就业，流浪街头再次依靠王楚亭（此时王楚亭学徒期满后进入王祖升三舅公所开的路大坊招牌店工作，负责香烟广告绘画，画工精湛，在当时也有一定知名度），认识了安徽人何心强、何心隆兄弟并开始合作创立自己的广告社，后期王万荣与何氏兄弟产生矛盾后，何氏兄弟退出，王万荣单独经营荣昌祥广告社。[④]

---

① 汪统、懋德：《万荣与路牌广告大王荣昌祥》，参见中国人民政治协商会议上海市静安区委员会文史资料委员会：《静安文史·第7辑》，上海市出版局内部资料准印证(92)第225号，1992年印行，第79页。

② 据原上海广告装潢公司裘东明口述(2014年11月10日采访)，王万荣学徒期满后仍无所依附，偶然间，王万荣将原有的固定式的户外广告换成可携带的户外广告的形式，得到英美烟草公司广告部门的认同，这里可携带的形式是王万荣绘制的小型英美烟草公司的广告牌，另据1992年11月上海市静安区委员会文史资料委员会《静安文史》记载："王万荣刚开始到上海开设荣昌祥广告社，专营路牌广告。初创时期因本钱小，制作路牌的铅皮有时只能用龙头细布代替。"后来，英美烟草公司便大量订制这种类型的广告牌，雇人随身携带进行广告宣传。

③ 上海档案馆档案，《荣昌祥广告股份公司董事会关于自愿争取走上高级形式国家资本主义申请公私合营的请示》，档案号为C48-2-906-165。

④ 以上内容是依据王祖升老人的采访总结而来。

由此推断，荣昌祥广告社第一次成立的时间应该在 1916—1919 年之间，只不过王万荣独立经营且自我认可的时间是在 1920 年左右。在广告社成立初期，由于规模与行业知名度有限，大多承接一些基础的土木工程和简单的墙面油漆广告，即使这些一般性的广告业务，对于创立初期的"荣昌祥"也是颇费周折。如"民国路英兵义塚墙外设立广告木牌并声明以后不得再有此类木牌之设立……近日查有荣昌祥承包建筑该处木牌之事合亟函请贵交涉员转致工部局将此项执照立予取消……"①创业初始阶段，王万荣尽量减少成本，凡事亲力亲为。即便如此，很多广告牌由于资金原因无力购置铅皮等基础材料，只有用龙头细布等材料代替，才能勉强接到业务并完成。荣昌祥广告社初创时期的艰苦情形可见一斑。

荣昌祥广告社刚开始承接一些技术含量较低且利润不高的广告加工业务，如民墙广告、油漆广告、篱笆招贴绘制，之后由于认真细致且按时负责，逐步累积了一些固定的客户与知名度。很多大型的中外广告公司在承接到户外广告业务以后，都乐意将路牌广告的实际施工或制作等工作委托给荣昌祥广告社来做。当时在上海有外商克劳广告公司及美灵登广告公司等经营路牌广告，即使是国货厂商，也委托他们承办，取费较贵，一张 10×20 尺的广告牌，每月收费伪币五十五元或规银四十五两。荣昌祥广告社由于精打细算，在质量上可以和外商媲美，但每月收费仅为伪币三十元，因而获得了大型公司如中国化学工业社、五洲固本皂厂等客户信任。② 随着业务的逐步扩大，到了 1927 年，荣昌祥广告社得到了美灵登广告公司与陈泰兴广告社的信任，开始代做路牌广告，荣昌祥广告社此时就包办了上海大多数马路上以及沪宁、沪杭两路沿线的路牌广告。③ 后期联合广告公

---

① 上海档案馆档案，《上海市工务局关于英领交涉荣昌祥在英兵战壕墙外设置广告文书》，档案号为 Q215-1-8780。

② 上海市档案馆：《上海近现代广告业档案史料》，上海辞书出版社 2012 年版，第 574 页。

③ 上海市文史馆、上海市人民政府参事室文史资料工作委员会：《上海地方史资料（三）》，上海社会科学出版社 1984 年版，第 135 页。

司的介入对其发展更是起到了至关重要的作用。① 荣昌祥广告社与联合广告公司合作承装大量的路市展览会、明园游乐场等路牌广告，广告效果非常成功。② 在获得了联合广告公司等大公司的长期业务支撑之后，荣昌祥广告社迅速发展，不仅很好地把控了路牌广告绘制质量与时效，而且也能够非常合理地处理好社会上的各种情况，③ 荣昌祥广告社的户外广告出现在上海的街头巷尾。但这一时期其广告业务的发展仍为一些大型的新闻类广告公司、广告掮客的"转单"，少有直接的订单。这样荣昌祥广告社即使在业务数量与利润上有所上升，但主动权依然不在自己手里。由于前期的积累与时代的发展，其得到了一个重要的发展机遇，这就是后期的全球经济危机所带来的契机。1930年全球性的经济危机让上海整体经济受到了影响，外加1931年中国内地百年未遇之大水灾，导致全国性的商业萧条，据统计，"自1934年12月11日至1935年2月8日止，沪市大商家停闭者117家，小商店在240家左右，平均每日约有6家倒闭。"④在这种情况下，民国初期户外广告迅猛发展，各种不正规或实力较差的公司很快倒闭或转让，仅存的几家广告公司也举步维艰。根据上海公用局档案，当时的华美广告公司、美灵登广告公司等公司纷纷向上海公用局申请减税，荣昌祥广告社却凭借自身的稳健经营与经济基础开始收购或续租广告发布的地盘，

---

① 联合广告公司是1930年（民国19年），由耀南、商业、一大、大华4家广告社合办的联合广告公司，由当时《申报》经理张竹平担任董事长。实力非常雄厚，在20世纪30年代与克劳、美灵登、华商在上海被合称为四大广告公司。参见 http://www.shtong.gov.cn/node2/node2245/node660 46/node66062/index.html，2020-11-30。

② 中国人民政治协商会议上海市静安区委员会文史资料委员会：《静安文史·第7辑》，上海市出版局内部资料准印证(92)第225号，1992年印行，第79页。

③ 据上海广告装潢公司，现上海户外广告协会会长裘东明口述(2014年11月10日采访)，"当时上海社会复杂，街头、地头由不同成分的人控制，而户外广告的特殊性是要与他们打交道。王万荣出身贫寒，从实际出发，与当时黄金荣等帮会之间有所交往，且保持一定利益关系。这些社会生存的手法是报社出身的文化广告人，或没有当地社会背景的外商所无法实现的，这些内容虽然不能成为正统的经营理念，但在这个行业中却不可避免地成为后来荣昌祥发展壮大的一个重要因素。"

④ 顾计高：《国民购买力萎缩之危机》，《大公报》1935年7月27日。

有条不紊地进行了兼并与扩张。如 1934 年 11 月，"荣昌祥广告社与市公用局签订承办沪南区豫园内摊基北面广告合同，拟从 1935 年 1 月起至 1936年 12 月底止，按月包银 110 元"，①开始了公司的全面发展，荣昌祥广告社的发展一直持续进行，在 1937 年抗日战争全面爆发以后，有一部分广告公司为日本人所侵占与控制，日本军方成立的太平广宣广告公司一度要兼并荣昌祥广告社，但为王万荣所拒绝。荣昌祥广告社在进行扩张的过程中发现，为了对抗日本控制的广告公司，仅靠自己的经济实力很难进行扩张，而且很多地区广告发布权的租赁需要很大的资金投入才能确保长期获利。与此同时，另一家大型广告公司——联合广告公司为了应对客户的不同要求，需要向不同的户外广告公司、路牌经营户拆借户外广告场地，还要与其他租户进行利益分配，且很难掌握经营上的主动权，在与荣昌祥广告社良好合作的基础上，这两家广告公司的主要投资人决定将荣昌祥广告社改组为荣昌祥广告公司，由联合广告公司总经理郑耀南任联合广告公司董事长，经理姚君伟任协理，由王万荣任经理。这样联合广告公司所承接到的路牌业务全部交由荣昌祥广告公司经办，经过适当的协调与发展，从中国银行那里租到了原静安寺路新世界旁的一方空地（面对人民公园及现西藏路），建成了华人在租界繁华区域内的第一个广告场。②在随后不断的发展中，其将上海市内、市外的重要广告场都兼并过来，还拿到了原来属于商务广告公司的京沪、沪杭铁路的广告业务。虽然正式拿到日伪经济部颁发登记证书的时间是在 1940 年 9 月 21 日，③但后来荣昌祥广告社后来自己写的企业自述是股份有限公司，实际成立的时间是 1940 年 1 月。④不

---

①　上海档案馆档案，《上海市公用局 1936 年度整理公共广告场经费案》，档案号为 Q5-3-1621。

②　中国人民政治协商会议上海市静安区委员会文史资料委员会：《静安文史·第7 辑》，上海市出版局内部资料准印证(92)第 225 号，1992 年印行，第 80 页。

③　上海档案馆档案，《日伪实业部检发荣昌祥广告股份有限公司申请登记文件的训令》，档案号为 R13-1-2121。

④　上海档案馆档案，《荣昌祥广告股份有限公司董事会关于自愿争取走上高级形式国家资本主义申请公私合营的请示》，档案号为 C48-2-906-165。

过公司在拿到正式的执照之前就在原有基础上以有限公司的名义进行营业也正常。后期荣昌祥广告公司历经 1940 年、1942 年、1943 年等多次增股后，① 在上海商业、广告行业中树立了自身的示范性地位，并得到了英、美等广告公司原属的一些广告场地，如新世界、西藏路、外滩等上海经济最为繁华的地段，还吸收了联合广告公司先进的管理经验，进行更为有效的分工与施工。成为上海最大的户外广告公司并延续到抗战胜利后。

在抗日战争胜利以后，荣昌祥广告公司凭借免费宣传"航空救国"公益广告的机缘，拿到了包括南京东路和跑马场等上海很多重要地区的广告发布权，其中还通过竞标得到了日伪天平广宣公司所侵占的上海的广告场地，② 这样不断地兼并以后，荣昌祥广告公司的实力变得越来越巨大。代表性案例是荣昌祥广告公司在北京西路设立了自己的广告场（见图 6-10、图 6-11），这个广告场的尺幅宽阔（长约 200 米，宽约 40 米），路边用人行护栏隔挡，中间种植草坪，几乎每天都有几十块巨型广告牌的宣传，在草坪的外延处利用隔挡将广告场与道路隔离，而在内部草坪的远处设置了弧形植物分割带，在植物分割带弧度最大处设计了几个体积适中的立体广告，如鹅牌针织、大克雷斯香烟都是这一时期的代表作品，在最后的广告牌处使用了适当的环形摆放方式，既最大限度地保证了每一个广告牌的最佳视觉点，还能够有效利用场地。在外的行人无论在哪里，都可以看到视觉效果最佳的广告牌。这个广告场中良好的户外广告设置空间，致使很多广告画家有了发挥自己艺术价值的平台，创作了很多优秀的户外广告作品，大量的广告作品、广告画、广告设计应运而生，这种整体的广告阵地的宣传模式也带来了良好的宣传效果与传播行为，一直延续到 20 世纪 60

---

① 这次增股是将原有的旧币五万元的基础上增加五万元并折换成新币五万元，每股一百元，分为一千股，各股东的比例不变。上海档案馆档案：日伪实业部检发荣昌祥广告股份有限公司申请登记文件的训令，1943 年 12 月 23 日。档案号为 R13-1-2121，第 16 页荣昌祥广告股份有限公司增资监察人调查报告书。

② 上海档案馆档案，《上海市公用局关于接收太平广宣公司广告牌（一）》，档案号为 Q5-1-4。

年代。

荣昌祥广告公司产生了很多代表作品，这些内容值得深入分析，其中归纳为以下几个类别。

图 6-10　20 世纪 40 年代上海荣昌祥广告公司的广告场①

---

　　①　此广告场是荣昌祥广告公司最具有代表性的广告场地。长约 265 米，径深最大约 30 米，呈扇形，在广告场的设立上呈多层结构，最后方为巨型广告牌，草坪前方为扇形绿化带，中间放置长条形广告牌，左右两侧放置其他立体多样的广告形式，层次分明，最大化利用广告场地，且全部为草坪覆盖，外用缆索隔离行人，防止破坏，为当时最具有代表性的广告场地。此广告场位于当时的商业繁华地段北京西路上，该广告场东西走向，东至新昌路，西至成都北路。该广告场一直留存到 1949 年以后，但是位置在后期向西迁移至北京西路与成都北路转角处。该图片为当时美国 *LIFE* 杂志（*TIME* 杂志下属杂志公司）派华记者杰克·伯恩斯拍摄，后期所拍摄图片由 TIME 公司交于谷歌公司整理公布。

图 6-11 上海荣昌祥广告公司的广告场(1948 年 1 月)①

　　第一,绘制类的户外广告。荣昌祥广告公司作为当时最重要的户外广告公司,② 其主营业务就是路牌,其路牌广告数量非常多,形式多样,现可明确考证的有十余件,可以看出其公司的产品质量优良,成为当时户外广告行业的典范。这些路牌广告后来很多都成为经典之作,如当时的电影广告《太太万岁》《乘龙快婿》《出卖影子的人》;商品广告如"大克雷斯"香烟、"五洲固本"肥皂、"白猫"花布、"三猫"牌香烟、"三钟老"牌球鞋、

----

　　①　http://images. google. com/hosted/life/45fea67bd721f67b. html,2014-08-12。
　　②　荣昌祥广告公司开始进入现代化企业的管理与运营模式之后,进行了经营与施工的分离,王万荣将更多的时间与精力放在户外广告的设计与业务的钻研上。

"咳舒钙"牌药品、"狗头老"牌丝袜、"福特"牌汽车、"英雄"牌毛线等都是荣昌祥广告公司当时的广告设计作品，这些作品全部在其上方安放荣昌祥广告公司的铭牌。有些作品为自己设计制作的，也有很多作品是在已有的商标、图案的基础上结合使用的，如"大克雷斯""白猫花布"等广告，但是这些巨幅的广告作品与小型画面有明显的不同，要求绘制者熟练掌握大面积画面绘制的色调、构图与透视等技巧；而且很多作品在已有的商标、图案上进一步地进行立体化处理。如果原有商标体量关系比较小，不适合大面积视觉阅读，那么荣昌祥广告公司在大幅画面的绘制中会"刻意"将商标等小的元素进行放大与简化，以求得更好的视觉效果，这种"刻意"从当时的作品中可以明显看出。此外，荣昌祥广告公司的作品整体视觉感比较强，所绘制的商品或主题物与底图、配图之间的处理较为恰当、适中；而且很多图形采用了西方现代绘画中"黄金分割"（"三钟老"牌）与"斜角线"（"三猫"牌）的设计手法（见图 6-12）。主次关系明确且很容易吸引目光；还有，在处理广告牌的人物与主题物时，人物的眼神与关注的视角比较具有趣味性，很多人物的视点好像是既注意到画面上的产品，又好像对着画面外的观众，这种"目光分散"的处理方法，使得画面显得非常灵活，具有强烈的观感与吸引力。这些通过图像分析出来的荣昌祥广告公司作品的特性，虽然没有成为一种总结式的规章，但在其实际的作品中的确普遍应用，也成为荣昌祥广告公司作品区别于其他小型广告公司的一个重要方面。当然，荣昌祥广告公司的路牌广告制作的整体性与施工规整度也是提升当时整体设计施工水平的重要方面。由此，荣昌祥广告公司的路牌广告能够成为当时行业的标准也是正常的结果。

第二，立体效果的户外广告。荣昌祥在路牌类平面媒介广告之外，还突破了二维广告的制约，针对不同的产品开发出很多立体形式的户外广告，比较具有代表性的是当时在市中心为五和织造厂制作的五六只立体白鹅形状的衬衫广告。据《宁波帮大辞典》记载：

图 6-12　荣昌祥广告公司部分路牌广告作品

　　王万荣罗致名工巧匠，讲究色彩配料，所制路牌图案新颖，色泽鲜明，形象逼真，如电影《夜半歌声》的路牌设计成舞台式；为五和织造厂精心构思的"鹅牌"商标，塑造了 5 只姿态各异的水泥天鹅，安放在原静安寺路的草坪中，栩栩如生，颇引路人注目，在沪上工商界享有盛名……①

　　用水泥做的白鹅广告（见图 6-13、图 6-14）放在南京路成都路口的一块草坪的"广告阵地"上，用于集中发布户外广告。这五只白鹅是用水泥浇筑而成的，利用了五鹅的谐音"五和"，形象立体生动，颇引人注目，在每一只鹅的正面放了一个字的字牌，五只鹅身上的字连起来就是"鹅牌卫生衫"。"五"和"鹅"的造型立体广告在前面，与后面的广告牌形成前后关系，前面是小型立体的广告，后面是大幅平面的广告，前后并不遮挡，形成整体一体化的对应关系与前后呼应的视觉效果。荣昌祥公司的户外广告

①　金普森、孙善根：《宁波帮大辞典》，宁波大学出版社 2001 年版，第 19 页。

经不同类型的设计与宣传造势后，产生了一种新颖与特殊的类型，它成功地突破了平面的束缚，从二维空间走向了三维空间，在民国时期的广告设计创意中尤显难能可贵。

图 6-13　南京路成都路口的五和棉毛衫广
　　　　　告（一）

图 6-14　南京路成都路口的五和棉毛衫广
　　　　　告（二）

　　第三，专属类型的户外广告设计。民国中后期广告行业发达，荣昌祥广告公司独出心裁，针对具体客商的文案开发了"专属的创意广告设计"。20 世纪 20 年代，荣昌祥广告公司为了与《大公报》合作，与其相互配合设计了电灯走字广告，安装在新世界屋顶进行时事新闻的宣传，这也是 20 世纪 20 年代国内首例电灯走字广告。而与陈栩园合作设计的"蝶霜"广告则是更为经典。当时《申报》的《自由谈》的编辑陈栩园愤于日本牙粉独占中国市场，潜心钻研成功地生产了碳酸镁制牙粉。这种牙粉是一种既可以做面粉又可以做牙粉的新式牙粉，为了更好地进行产品销售，与日货对抗，取名为"无敌"，暗示抗日"无敌"。并在商品包装纸上画上与"无敌"谐音的"蝴蝶"，利用张贴、墙报等方式广为宣传。后来，陈栩园后又发明了一种化妆品，取名为"蝶霜"，为了配合"蝶霜""无敌"等一系列产品的销售，荣昌祥广告公司与陈栩园共同设计出了独具创意的户外广告。他们突破传

统的户外广告绘制的思路，将静态的户外广告更新为动态的户外广告。他
们在仙乐书场树立了一块全木的路牌(见图6-15)，将广告牌用木板雕出，
不仅具有很强的立体雕塑感，在木板上用金箔贴出蝴蝶的式样，并且在蝴
蝶的触须上装上弹簧丝，让蝴蝶迎风飘动，栩栩如生。其在商业宣传的过
程中凸显了社会性、设计性，引领了时代的风尚。

图6-15　20世纪30—40年代"蝶霜"户外广告

还有一些广告种类，荣昌祥广告公司自己并不制作，就采取采购、转
包等变通方法来进行弥补，如霓虹灯广告成为一种非常普遍与常用的宣传
方式后，荣昌祥广告公司在具体安装自己承接的霓虹灯相关广告时，采取
"订制"与"安装"分离的方式，由承接方或第三方提供霓虹灯，荣昌祥广告
公司提供地段、安装等其他服务，这些广告类型并不是荣昌祥广告公司所
擅长的，其甚至没有生产的能力，但是荣昌祥广告公司凭借自身的发展却
可以直接或间接地争取这些业务订单，可见其当时的影响力，当然这也说
明荣昌祥广告公司经营的多元化与灵活性，更说明当时户外广告行业整体

发展的蓬勃与壮大。荣昌祥广告公司在商业广告之外，还承接了一些社会公益类型的专属广告，如 1946—1948 年中国航空建设协会上海分会为了进行航空建设宣传，① 由上海市公用局出面协调多家公司参与义务宣传工作。其中，荣昌祥广告公司与其他一些公司无偿负责这些行动与发布制作，得到政府的信任，负责了上海市绝大部分场所、街道的义务宣传工作，并利用此次大面积宣传的机会，拿到了中国银行附近的一块绿地，将其打造成当时上海最为著名的户外广告场地，前文所提到的很多优秀的户外广告形式都发布于此。虽然荣昌祥广告公司在经营中利用了部分公益广告的政策优势来为其经营的商业广告服务，但在实际经营中，其的确做出了具有公益价值的行为，这也从另一个侧面反映了商家的爱国之心，这些内容至今仍可从美国《生活》杂志派华记者杰克·伯恩斯在上海期间所拍摄的照片中看到。类似的还有中苏美英的广告宣传，也是商业宣传与公益兼具的性质。

荣昌祥广告公司合并以后，广告生产制作方面的实际负责人仍是王万荣。他制作广告牌讲究用料，无论木料、铅皮、油漆都选用优质材料，并保证广告在合约的 6 个月内不褪色、不起壳、不返工。王万荣不仅熟知户外广告设计的各个环节，而且凭借较强专业背景知识，对于这一行业的发展状况与趋势有准确的市场分析与判断，建立了自己对于户外广告的好坏优劣的评价标准与实现方法。根据文史资料描述：

> 王万荣每块广告牌都要实地了解察看，在制作过程中或完工后，发现问题及时提出改进意见……要求员工关心路牌广台的整洁和保养，规定员工看到本公司路牌画面有褪色剥落、超龄或照明设备损坏、或木架、铁皮缺损等情况即上报。迅速安排修换，保持画面常新。②

① 上海档案馆档案，《中国航空建设协会上海分会关于装用广告牌问题与有关单位的来往文书》，档案号为 Q50-2-2。

② 中国人民政治协商会议上海市静安区委员会文史资料委员会：《静安文史·第7辑》，上海市出版局内部资料准印证(92)第 225 号，1922 年印行，第 81 页。

他派出专人整天在全市各条马路上寻找合适的地段，一旦看中就千方百计地出价租下，因此荣昌祥广告公司的路牌地位较好，容易招徕客户。① 在抗战胜利后，很多企业开始想方设法地恢复生产，广告需求量与业务量开始大增。荣昌祥广告公司一贯秉承信誉第一的原则。非常注重路牌广告的质量所引起的各方面的问题，即使存在少量经营漏洞与偏差，也最大限度地去挽回与认真改正。据当时与裕民毛线厂往来比较频繁的合同与商业文书的研究揭示了其认真完成客户的诉求、更正偏差等做法的一些侧面；1948 年，荣昌祥广告公司承办的裕民毛绒线厂在大世界与新世界的屋顶广告均被大风吹坏，荣昌祥广告公司不仅及时派人进行修理，而且针对停业期间的广告时间损失主动进行补偿："贵公司租登大世界及新世界屋顶之广告牌均于七月三日午夜被飓风吹毁，现在派工修理中，其间停登日期按自当按日补奉一佚，修理完竣再行函告。"②

王万荣事必躬亲准时而高效地布置工作，改革了办公室等行政工作的方式，何如学习联合广告公司等正规广告公司的成熟做法，建立文书、广告地位图纸等资料档案，加强成本核算控制折旧率，将公司产生的利润发放给员工，这一时期荣昌祥公司的员工工资高于同行业的 20%～30%。而对于公司中精通粤语、外语的特殊人才还有其他奖励。在公司内部，他对100 多名员工一视同仁，甚至对于公司员工家中的各种私事也进行慰问。他采用先进的企业管理方式，将生产与设计分离，脱离原有传统行业发展认知的"羁绊"，公司内进行了现代企业合作运作机制，在户外广告内部的创作水平以及专业的服务水平上也进行了更为具体与细致的分工。在户外广告公司内部不仅有不同的人才负责不同的工作种类，还设有专门负责管理与财务的文员、专门进行安装与基础工作的人员。公司对于绘制路牌广告的人员进行了专门性区分，根据其从事绘制的种类与个人能力进行不同形式的分工，并给予不同的薪资待遇。荣昌祥广告公司借鉴了近现代化企

---

① 吴汉民：《20 世纪上海文史资料文库(第 4 辑·商业贸易)》，上海书店出版社1999 年版，第 324 页。

② 上海档案馆档案，《国民党荣昌祥广告公司宣传》，档案号为 Q199-42-66。

业的管理模式与福利待遇，让户外广告的创作，从制作、设计、管理与福利各个方面都以一种正规化的形式运作。① 在抗日战争结束后，凭借前期的积累以及社会关系的运作等，终于成为民国时期上海乃至全国最大规模的路牌广告商(见图 6-16)。到新中国成立前夕，制作精美的荣昌祥广告遍及上海南京路、西藏路、延安中路等主要马路(见图 6-17)。② 在户外广告领域，成为广告设计、人员培养、公司运行等方面的标杆。而且这种标杆的影响力直到 1949 年以后。"解放后，荣昌祥通过社会主义改造，于 1956年实行了公私合营。以后改名为上海美术工厂，隶属于上海市广告公司(即现上海市广告装潢公司)，并在荣昌祥原址上进行了扩建，而广告装潢公司中的很多技师也来自荣昌祥公司的保留的人员。"③

6.2.2　联合广告公司的价值

联合广告公司是由多家广告公司合并而成，该公司最早成立于 1930年，1931 年筹股成立"联合广告股份有限公司"，④ 由数个散漫的广告社(姚君伟的商业广告社，耀南广告社的郑耀南，一大广告社，大华广告社等广告公司⑤合并为一个有组织、有规模、有系统的广告集团，并依托《申报》的业务范围进行发展。张竹平任联合广告公司的董事长、郑耀南担任经理,王鹗担任图画部主任。其中联合广告公司图画部自身的美术设计能

---

① 以上户外广告公司的运作与设计方式等内容参照汪统、鲁懋德：《王万荣与路牌广告大王荣昌祥》，参见中国人民政治协商会议上海市静安区委员会文史资料委员会：《静安文史 第 7 辑》，上海市出版局内部资料准印证(92)第 225 号，1992 年印行，第 79 页。

② 上海档案馆档案，《荣昌祥广告股份有限公司董事会关于自愿争取走上高级形式国家资本主义申请公私合营的请示》，档案号为 C48-2-906-165。

③ 汪统、鲁懋德：《王万荣与路牌广告大王荣昌祥》，参见中国人民政治协商会议上海市静安区委员会文史资料委员会《静安文史 第 7 辑》，上海市出版局内部资料准印证(92)第 225 号，1992 年印行，第 82 页。

④ 上海档案馆档案，《徐永祚会计事务所关于联合广告公司登记》，档案号为Q92-1-86。

⑤ 如来生：《中国广告事业史》，新文化社 1948 年版，第 13 页。

图 6-16　荣昌祥广告公司路牌广告与公益宣传广告

图 6-17　近现代上海街头荣昌祥广告公司路牌广告

力非常强，是 20 世纪 30 年代前期上海广告行业的全盛时期设计、经营、业务规模最大的广告制作单位。它开业时的图画部，有丁浩、张以恬、马瘦红等。这个图画部的体制，接近于英美烟草公司的图画间。不同人员各有专长，能满足不同类型客户的需要。如丁浩在 20 世纪三四十年代，画了不少广告，较著名的设计为"地球"牌绒线和"双洋"牌绒线广告。① 而在这些事务中，有相当一部分广告业务是"打包"一起的，既要报纸广告，又要户外广告等，而对于户外广告的设计与承接，联合广告公司在应对上不成问题，但是对于户外广告如路牌等广告的发布、现场的绘制等，常常需要应客户要求安装于指定地点，联合公司很难由自己全部完成。而荣昌祥广告公司在为联合广告公司承装大量路市展览会、明园游乐场等的路牌广告时，深得其信任，在荣昌祥广告公司后期发展中，二者相互合作，成立了荣昌祥股份有限公司。②

　　联合广告公司在与荣昌祥广告公司合营后，将路牌广告的生产制作全部交予荣昌祥广告公司，荣昌祥广告公司成为一家非常专业的制作公司，但很多图形的设计与原稿的设计则在联合公司内完成。这样一种分工与合作模式是户外路牌广告制作中所特有的，但是这种术业有专攻的形式不仅为双方带来巨大的利益与更为集中精力的专业化经营，也为路牌广告的整体化发展提供更为有利的条件。在管理制度方面，荣昌祥广告公司借鉴了联合广告公司的整套现代、科学的管理方法，或者说是合并以后，荣昌祥广告公司的内容管理完全由联合广告公司介入，而王万荣则将更多的精力用于生产与制作方面的实施与施工方面的管理。这样王万荣根本不用担心业务量的问题，只需专心管理好广告工场即可。而且，联合广告公司的专业画家带来了专业广告插图与广告设计稿，这种

---

　　① 徐昌酩：《上海美术志》，上海书画出版社 2004 年版，第 114 页。

　　② 汪统、鲁懋德：《王万荣和路牌广告大王荣昌祥》，参见中国人民政治协商会议上海市静安区委员会文史资料委员会《静安文史·第 7 辑》，上海市出版局内部资料准印证(92)第 225 号，1992 年印行，第 79 页。关于荣昌祥广告公司与联合广告公司合并的具体事项参看前文内容。

设计、绘制自己全包的局面，在联合广告公司有着更为合理的处理方式。他们根据客户的要求进行广告市场调查，测试顾客的心理，编制图文，选择适合的表现广告媒介。[①] 同时及时将制作好的小稿(设计稿)与客户沟通，得到认可以后，马上将设计稿交由荣昌祥广告公司放大施工。如果客户选择多种媒体发布，甚至可以"一菜多吃"，即同样一个设计，既在招贴上出现，又在路牌上出现，又或在杂志、报纸等上出现，仅需稍加改动即可。

联合广告公司对于当时户外广告的贡献还体现在其复杂的人际关系与社会背景上，最有代表性的当属联合的创始人之一张竹平。[②] 他既有经营管理才能，又有雄心夙愿。他对于创办广告公司有两个层面的理解：一是认为广告公司是资本、设备、人才等正常的商业经营的必需；二是张竹平认为户外广告行业是一种需要露天出现、人皆可触、人皆可视的大众形式，在任何一个时期都免不了受部分地方"势力"的影响，联合广告自己的广告也不能独善其身。正因为有这种认识，张竹平从《申报》辞职自己开创"四社"开始，依靠"青帮"张仁奎的地位以及自身的活动能力，为自己参股的广告公司的广告牌开辟一条可行之路，是非常方便的。[③] 而且后期与荣昌祥广告公司的合作中，荣昌祥广告公司作为一线的直接施工者，更是不可避免地与社会中的不同阶层直接接触，虽然没有直接证据显示王万荣是张竹平介绍入社的，但是根据一些人员回忆，王万荣的确有一些帮会的背景，尤其是和当时的黄金荣一系关系密切，这也可以解释为什么后期"大世界"上那么多广告牌大多是荣昌祥广告公司代理的。[④] 而对于联合广告公司与荣昌祥广告公司的"紧密"合作，考虑到荣昌祥广告公司的发展与壮大和张竹平本人在帮会中的影响力，这个可能性极大。但无论怎么说，联合广告公司无论是在设计、制作、管理、人际等各个方面都对上海当时的户

[①] 　如来生：《中国广告事业史》，新文化社 1948 年版，第 13 页。

[②] 　他早年毕业于上海圣约翰大学，是"圣公会"系统的一名基督教徒，也是与杜月笙有关系的一个"青帮"人物。他在《申报》任经理时，曾是史量才的得力助手。

[③] 　此部分内容参见路鹏程《1920—1930 年代的上海报人与帮会》(《国际新闻界》2015 年第 4 期)，以及朱至刚《抗战前上海帮会与报界关系管窥：以张竹平为主要案例》中的部分内容。

[④] 　参考 2015 年 1 月王祖升访谈内容。

外广告的发展起到了重要推动作用；除此以外，其他公司的领导或核心成员通过自身的努力与人脉也起到了重要作用。① 还有当时著名广告人陆梅僧，他曾留学美国，专攻广告学。他主导创办联合广告公司，重用人才，职权分明、经济公开，按月考核分红，增强了企业活力，发展了广告业务，开创了路牌广告，更发挥了广告的优势，使公司跻身中外广告事业之前列。② 同时，他利用自己所掌握的先进的美国式广告理念和与外商打交道的经验，为公司揽得不少生意。

　　联合广告公司（见图 6-18）是民国时期通过合并重组的一家比较大型的广告公司，并通过现代化的管理与广泛的社会关系与人脉，成为当时的广告巨头。虽然它并没有自己的户外广告的制作、施工部门，但却可以通过广告业务的扩展获得大量户外广告的订单，而且自有的设计部门也可以完成大量路牌广告的样稿设计，也为荣昌祥广告公司提供了源源不断的订单，对于民国时期户外广告的设计、发展起到了重要的作用。

图 6-18　民国时期上海著名的广告公司联合广告公司的印章

---

　　① 如姚君伟担任公司董事，与南洋兄弟烟草公司负责广告业务的路锡三是亲戚，因此广东帮的客户就由他出面，因早期的广告业务多由面子、交情招徕，姚君伟后又承办大新百货公司、华商新华行等广告，专门负责经营路牌广告等。

　　② 中国人民政治协商会议上海市静安区委员会文史资料委员会：《静安文史·第7辑》，上海市出版局内部资料准印证(92)第 225 号，1992 年印行，第 152~153 页。杜艳艳：《中国近现代广告史研究》，厦门大学出版社 2013 年版，第 187 页。

6.2.3 东方霓虹电气厂的影响

霓虹灯是当时重要的户外广告形式，比较具有代表性的霓虹灯厂是东方霓虹电气厂。对于这家华人所办的霓虹灯厂，其最早的名称为"远东化学制造厂"，而这家"远东化学制造厂"则是第一家民族企业性质的霓虹灯制作厂家的前身(称为化学制造厂，是因为当时霓虹灯内主要填充的为化学气体"氖气")。根据史料，其成立时间应该是在 1927 年，上海首次出现的霓虹灯市招,① 是由远东厂承制，安装在湖北路上中央大旅社门口的由霓虹灯制作的中文"中央大旅社"和英文"CENTRALHOTEL"横式招牌。② 而这家"远东化学制造厂"作为第一家民族企业性质的霓虹灯制作厂家，最初是由美国人鲍迪安在 1926 年协同上海著名的买办商人董景安一起开设的，不过这家工厂是由鲍迪安引进全套西方制作工艺、生产霓虹灯的机器设备到上海，通过与董景安的雅利洋行合作，预期在上海虹口的密勒路设厂经营的，但是后来鲍迪安意外地由于签证等问题被遣返回国，所以该厂实为董景安一人独办，可以认为这是我国商人最早创办的霓虹灯制造厂。③ 不过 1929 年发布的《商标公告》显示，这家公司真正注册成立的时间是在 1929 年(见表 6-1),④ 但不排除该公司在正式注册之前已经承接了"中央大旅社"等业务。后来，美国回国的留学生张惠康看到这一行业的发展前景，接手了原有的远东化学工业社，并改组成霓虹灯厂，改名为东方年红电光公司。这样"年红"两个字也就随着这家公司的发展壮大成为早期人们认可这种广告形式的名称。⑤

---

① 1927 年左右在上海南京路的伊文思书店内出现的霓虹灯虽然是最早出现的，但其是放置在橱窗内的吊牌式霓虹灯广告，并不属于户外广告体系。

② 《上海通志·专业志》，http：//www.shtong.gov.cn/node2/node2245/node66046/node66062/node66243/node66247/userobject1ai61844.html，2008-07-21。

③ 王桂德：《商业广告学》，浙江人民出版社 1990 年版，第 75 页。

④ 《商标公报》1929 年第 26 期，第 22 页。

⑤ 孔赐安：《年红灯》，载《青年界》1935 年第 1 期，第 187 页。

表 6-1　　　　　　　　　　远东化学制造厂注册信息①

9194	9193	9192	9191	9190	9189	9188	9187	9186	商标公报　第二十六期　公告期满注册表
同	同	南星颜料厂	同	爱维罗有限公司	加利福尼亚杏梅种植会社	安掰纳与斐利生公司	中华协记饼干有限公司屠召南	远东化学制造厂董景安	
上	上		上						
美	美	美	英	英	美	美	中	中	
Solantine	2075	2050	Avro	Avian	Sunsweet and device	鹰老（Engt.）	华篆字文	地球	
2	2	2	20	20	44	43	43	61	

在张惠康接手远东化学厂之后除了正式确定年红灯的名称外②，张惠康接手的时代正处于一个霓虹灯由专业到普及转变的节点。"民国 19 年（1930 年）开办了东方年红电光公司……促进了广告事业走向电气化。"③在某种意义上说，张惠康与他的东方年红电光公司在一定程度上促进了上海霓虹灯广告事业的发展，而年红灯这种名称的出现，也成为当时氖气灯灯专业术语的替代词。东方年红公司作为当时中国最大的民族霓虹灯公司。不仅为当时上海的户外广告发展作出了贡献，也为当时霓虹灯整体的促进起到了重要的作用，其中通过自身品牌的传播确定了"年红灯"这一当时比较通用的中文名称与说法，而且完成了一系列著名的霓虹灯广告制作。虽然在当时霓虹灯行业不属于广告行业体系，在政府管理与行业同业公会都

---

①　《商标公报》1929 年第 26 期，第 22 页。为遵从原表，未做更改。

②　关于霓虹灯与年红灯名称的辨析详见前文第四章第二节。

③　《上海电子仪表工业志》编纂委员会：《上海电子仪表工业志》，上海社会科学院出版社 1999 年版，第 500 页。

相对独立，但是考虑到其与广告尤其是户外广告之间重要的依托关系，作为户外招牌、字牌等的重要表现形式，在此我们仍可以将其视为当时重要的广告组成部分。

6.3 专业的户外广告从业人员

在上海的户外广告设计发展中，相关广告设计师与从业人员的培养是当时户外广告发展中的一种重要积淀。这些广告设计师在广告行业起到了最大范围的传播作用。户外广告发展到民国中后期已经完成了行业内的分工与不同工种之间的合作与配合。同样从事户外广告的操作人员，由于社会地位、分工、工作环境等原因，又可将其分为以下几类。一种是专业的"设计师"，这类人员根据客户宣传的要求，完成最初的设计构思与小稿的设计与制作，并在工作层面上直接与客户进行沟通，也直接与下一步的实际施工人员沟通。这些对于负责路牌广告、招贴广告、霓虹灯广告等方面的实际设计工作的"设计师"，大多数是于室内完成。这些设计师所完成的工作只是第一步的"设计样稿"，等到设计稿确认以后，路牌广告的实际绘制由专人负责，这些人将已有的设计稿件放大或绘制到户外广告广告牌上，我们将这些人称为"专业画师"或"美术师"，他们对于稿件并不承担或很少承担构思等工作，只是针对原稿进行适度的放大与施工，但是这些进行实际操作的人员，所具有的绘制能力与操作能力也是个人能力的体现。

关于这一细致分工的科学性与必要性，在户外广告从业人员费梦麟的后期总结中也有明确的记录："一幅在意境、造型、色调上都比较理想的路牌画，主要靠美术设计师的创作构思和艺术手法，但也离不开美工的绘画技巧，一个比较好的美工人员，为了更好地把原稿再现于广告路牌，须对画面进行必要的艺术加工。"①这种分工不仅对于我们总结与细致化研究

---

① 费梦麟口述，蕴辉整理：《绘制路牌广告画的几点要求》，载《中国广告》1981年第 1 期，第 46 页。

民国时期上海的户外广告设计有所帮助，而且也可以发现这种"设计"与"制作"的分工也具有一定的延续性，在 1978 年以后出版的《中国广告》第二期的《中、英、日广告词汇（二）》开篇中就将"广告设计家"（Advertising Designer）与"广告美术家"（Advertising Artist）等名称进行了区分，也同时对其涉及的具体分工与人员安排进行区分。① 考虑到历史原因，这些名称的确定不仅是早期（20 世纪 30—40 年代）上海户外广告等行业分工的"传承与遗存"，也是对当时行业分工以及设计行为的印证。与此相似的霓虹灯广告的制作、各式门头招牌广告的制作、搪瓷牌广告的设计与实际制作等都存在这一类型的实际区分。而制作之后的安装，对于户外广告来说，如霓虹灯与路牌等广告的安装需要较为成熟的技术与实际安装的施工，所以从事这一部分工作的人员需要一定的技术与经验，在户外广告的分工中被称为"安装人员"或"（现场）施工人员"。

对于这些户外广告的从业人员，从社会归属角度来探讨其在工商美术中所处的地位也是一种必要的设计分析与认知（见表 6-2）。在当时，画家相对来说是最受社会认可的工作者之一，可以有一定的社会地位与收入，但毕竟是少数群体；而与实际商业相结合的商业美术师而次之，这些人是以月份牌画家、商标设计者、设计样稿为主，也包括在室内工作的工商美术家。对于这一群体来说，其社会地位却并不高（虽然从后期及现今的眼光进行回顾，我们得知户外广告设计师与从业者所作出的时代贡献与历史价值并不低于其他画家），在把当时所有从事商业美术的人员都归纳到工商美术家群体中的过程中，是包括户外广告设计师与户外广告画师的。但由于工作环境的不同，以及户外广告画师的培养方式、人员组成等因素的影响，其他直接从事户外工作的"画师"的地位更低。所以对于户外广告行业的群体来说，在社会等级的区分上，户外广告设计师的地位又高于画师、户外广告绘制人员。此外，这里产生的这个区分，除了分工的具体不

① 方振兴、丁子强：《中、英、日广告词汇（二）广告设计 广告美术》，载《中国广告》1981 年第 2 期，第 66 页。

同之外，与当时的社会认知也有不可分割的关系。在当时的上海文化圈、商业环境中，广告行业本身就属于服务行业，是为工商业、娱乐业、百货业、新闻业等行业所服务的一种从属性行业，当然也成为衡量一定时间与地区经济走势与走向的风向标，本身就属于行业末端。虽然近现代上海的广告公司中最初多为西方人兴办，后期很多留学海外的经济学、广告学专业毕业的华人也开始开设广告公司，如林振斌、陆梅僧就属于留学回国人员，他们基本属于社会中的中层；但这些社会地位归属是属于新闻工作者、撰稿人、广告公司老板、投资人。而对于广告行业中的户外广告行业的地位要低于以上情况，其中对于从事实际操作工作的"设计"人员来说，更多的则是以一种"工人"的身份出现，其社会地位仅依存其实际的操作能力与操作技能，其技能的高低直接决定了自己的收入与社会的认同，但这种社会认同更多的是实际工作能力的认同，并不被纳入社会主流。著名的画家张雪父这样回忆当时从事广告行业的情形："（'画广告画的'）的长期受人轻视，直到上海已有的商业美术协会在 1936 年在上海举办了一次全国性商业美术展览会……才逐渐受到社会的重视。"[①] 即使是在 1936 年前后，这一民国时期户外广告相对最为兴盛的阶段，从事室内工作的户外广告设计师的地位会稍微高一些，而对于实际需要在街头巷尾爬高上梯的户外工作人员来说，社会地位几乎处于最低。尽管这些实际的户外广告的工作者根据他们的实际操作能力与绘制水平能够得到不错的薪水，但总体来说社会等级则处于比较低的状态，以至于一些从事过这些工作的人员并没有留下自己的名字，或者不愿留下自己的名字。在叶浅予写的回忆录中，他在中华人民共和国成立后碰到蒋兆和后谈起此事，蒋兆和说当时南京路上很多广告牌、宣传广告是其所绘制，但如果不是偶然聊天所得，很多人可能不知道这一段真实的历史过程。[②] 这也不难解释为什么今天关于此方面的资料如此稀少，由此可见研究与整理的必要性与紧迫性。以下针对户外广

---

① 张雪父：《经沧桑事寄语后来人》，载《中国广告》1981 年第 1 期，第 46 页。

② 叶浅予：《细数沧桑记流年：叶浅予自传》，中国社会科学出版社 2006 年版，第 52~54 页。

告不同分工对其人员详述。

表 6-2　　　　　　　　民国时期代表性的户外广告从业人员分析

	解释	行业	具体分工	代表人物
专业画师	路牌广告、招牌广告	路牌	绘制、上底漆	费龙寿、王祖升、赵锡奎等
设计师	对于霓虹灯的设计与规划	路牌、霓虹灯、招牌	对于路牌、霓虹灯的设计等	庞亦鹏、丁悚等
施工者	基础施工与安装的人员	霓虹灯、招贴、路牌等	霓虹灯安装、招贴的张贴、门头的安装、路牌的安装	杨俊生等
经营者	所有户外广告所涉及的行业	户外广告	洽谈广告业务，监督户外广告制作与施工	王万荣、张惠康、美灵登等
重要兼职人员	包括霓虹灯、路牌、橱窗广告等	工商美术相关	各式户外广告制作	蒋兆和、叶浅予等
其他人员	周边、搪瓷牌	工商美术相关		

6.3.1　户外广告绘制的代表人物

一、赵锡奎

赵锡奎，上海市川沙县杨思镇人，本姓周，因家贫，从小被过继赵家，改姓赵。赵锡奎于 14 岁时经人介绍进闵泰广告社当学徒。该社当时正在承接英美烟草公司的广告，业务量大、要求高，为了提高绘画质量，曾经重金聘请日本画家朱加木生(译音)进入油画部工作，主持相应的路牌广告绘制。这个日本画家看到赵聪明好学，工作勤奋，便毫不犹豫地收他为徒。赵锡奎从此走上专业的学习绘画的道路，并且非常勤学好学。不久由于自己悟性较高，学有小成，赵锡奎成为绘制能手，成为"上手师傅"。赵经过日本画家的培养，已经在上海滩崭露头角。据《川沙文史资料·第3辑》记载：1926年（民国十五年），神仙世界开一个展览会，主持人要增加一幅大型华盛顿油画像，因为时间比较紧张，只有一天的时间进行整体绘制，但是当时的上海绘制人员中却没有人敢承担这些工作。赵锡奎承接了下来，最后终于如期完成。而在开幕的时候，赵锡奎所绘制的油画像得到了当时中外来宾的一致好评，认为赵的绘制中的人物的精神面貌更为适当，英美烟草公司看中他，请他到广告部工作。[1] 后来由于赵对绘画艺术精益求精的要求，因此，他毅然辞去英美烟草公司工作而到一家外商开办的中国汽车公司工作，专为高级公馆画壁画。有人请他复制、放大几十幅欧洲十八、十九世纪的各式名画，赵认为这是一次难得的进修机会，于是他一丝不苟地画了一年多才完成。据他自己回忆："通过这次临摹，对西洋油画的技法、笔触和色调的变化，有了新的认识。"赵锡奎虽然前期有幸得到了当时日本画师朱家木生的教授而学有小成，但在后期工作中仍然虚心好学，当时有很多中外画展，他每次都去。而旧社会的艺人，多有保守思想，不肯轻易教人，一次有一位日本国内20世纪20年代的权威画家名叫新外角生（译音），来上海作画，他只能通过从门缝偷偷去观摩与学习。后期，根据自己的这些经验，赵锡奎对晚辈说："学知识，老师只起领路作用，路是靠自己走出来的。"[2]

　　赵锡奎平时善于观察生活，并且有高度的概括力，写实的功夫好，对人们喜闻乐见的各种生活情景都能如实描绘，并加以艺术处理。广告客户提出合理题材，赵锡奎甚至可以不打样稿，信手拈来，直接将各种广告画绘制在广告牌上，如当时的延安东路西藏路口高墙上的三期广告内容"迎神赛会""佛殿进香"和"宝玉探病"等，都是在没有正式画稿的情况下完成的。其中赛会的一幅，以田野风景为背景，很多普通人群的场面为基调，

---

[1]　杨思乡志办：《赵锡奎先生》，参见政协川沙县委员会文史资料委员会《川沙文史资料·第3辑》，内部资料，1991年印行，第146页。

[2]　高树：《我所认识的赵锡奎》，载《中国广告》1981年第2期，第52页。

主要人物就有 36 人之多，但是每个人的动作打扮神态表情，在赵的描绘下都可以做到清晰可见，以至于当时看赵锡奎进行现场画画的人拥挤不堪，一时传为美谈。他在艺术上能取得这样的成就，是与他虚心好学的精神分不开的。他非常喜欢看画。他常说："古人的作品，虽然有些失去时代精神，但有传统技法，还能为我所用。"当然，赵锡奎很多作品也与前文提到的荣昌祥广告公司有关。赵锡奎善于绘制人物（见图 6-19），赵经该公司张根华（后任荣昌祥广告公司天津分公司经理）推荐，1938 年秋进荣昌祥广告公司工作后，很多广告在绘制的过程中，也是无需进行小稿的绘制，直接进行绘制，而且精彩纷呈，引起路边人群观摩成为常有之事，以至于产品的代理商、经销商或电影的厂商常常要求不要绘制得太快，而是延长产品的绘制时间，以期吸引更多的人在下面观看自己的产品广告牌。当时的《申报》曾经专门报道："……表现智慧与性灵最为深刻的要算电影广告的

图 6-19　荣昌祥广告公司的路牌广告作品（杰克・伯恩斯摄）（疑为赵锡奎的作品之一）

绘制了，所谓'明星'的面孔原是妇孺皆知，非乡间灶头上画几个人间从未见过的神祇可比；准确、生动、丰美，仅凭一张照片就可移上立体的路牌，是一件颇为艰巨的工作，此项工作胜任不过四五人，赵锡奎为其中翘楚。马霍路口一张《夜店》广告，将近二十个明星，嬛妍忠奸，各如其人，每只神采奕奕的面孔，着实受到不少路人的赞赏，这就是赵锡奎的一幅作品。"①由于赵锡奎独特的技艺，其在当时被人称为"赵派"。赵在民国后期曾与庞亦鹏的"设计稿"紧密配合，绘制了一批精美的户外广告。他在新中国成立以后还参与了多次重要的广告绘制，后期工作于南京广告公司，并退休于南京广告公司。

二、费梦麟

费梦麟也是民国时期专业的户外广告画师。根据记载，费梦麟最早工作于英美烟草公司广告部。在该公司工作期间，他不仅学习与掌握了大量路牌绘制的技巧与方法，还成为这一时期及后期重要的户外路牌广告师的培养者。荣昌祥广告公司成立以后，业务扩大，开始重金聘用费梦麟、赵锡奎等。② 费梦麟从事路牌广告的相关工作时间较长，长期的一线工作经验，帮助其在后期总结了一系列重要的路牌广告绘制与设计的经验，详细地分析了路牌画稿与实际的路牌广告之间的放大与艺术加工的"二次设计"的技巧：

> 针对一幅在意境、造型、色调上都比较理想的路牌广告，不仅是需要美术设计师的创作构思和艺术手法，也需要美工的绘画技巧。而考虑到画稿本身条件限制(例如尺寸)，对原有画稿上的人物形象、商品包装等很难画到纤毫毕现，但是在放大几十倍以上的大幅广告路牌

---

① 佚名：《商业竞争日益加剧，路牌广告突飞猛进》，《申报》1948 年 3 月 15 日。

② 中国人民政治协商会议上海市静安区委员会文史资料委员会：《静安文史·第 7 辑》，上海市出版局内部资料准印证(92)第 225 号，1992 年印行，第 81 页。

上，却需要将形象轮廓清晰。①

　　这些分析对应着户外广告绘制的能力，这也是当时很多户外广告的"画工"收入区分的等级标准。费梦麟还提出商品画需要具有强烈的真实感与立体感，在绘制时必须掌握油漆颜料的浓淡、厚薄，以及轻抹、重描等绘画技巧。如丝绸质地轻薄，漆料以淡薄为宜等。而关于路牌中独特的画法与制作技巧的介绍，则是费梦麟在几十年工作中总结的"独门绝活"。其中一种叫作佘色(俗称"哈夫通")，就是使色彩由深色逐渐过渡到淡色，或由一种颜色过渡到另一色彩，这种在我们现在看来很常见的"渐变"(黑白渐变、单色色相色度渐变、不同颜色之间的渐变)，在当时纯粹"手绘"的年代，却是一种极其重要的技术，主要可以让广告牌上的颜色更为柔和，过渡自然不留痕迹，如由路牌上方的蓝色到下方的黄色，中间可以分为 3~4 个阶段。在绘制时，当下一阶段画好以后，应立即在两个阶段色中间调匀，加大调匀面积，以避免留下线痕或接痕。还有一种方法称为上光，这是路牌绘制的最后一道工序，极为重要。上光不仅可以增强油漆的画面亮度，还可以使各种色调具有调匀感，还可使画面保持整洁耐久。除上述"独门绝活"外，费梦麟还在 1949 年以后总结了相对完整的路牌广告的设计要求与加工方法，包括在路牌广告的设计、制作和施工，都有总结性的传承，比如路牌广告的"必要的艺术加工""质感与色彩的运用""佘色与上光"。这些民国时期的经验在后期得到文字总结，不仅真实反映了当时的路牌广告的制作水平与能力，也适应于 1949 年新中国成立以后的路牌广告的实际制作，如对于路牌广告的存放周期与季节和朝向与树荫之间的适当色彩调整，② 完全是当时的丰富经验的总结，这与后期采访广告装潢公司的杨圭华老人所掌握的制作技巧与方法几乎完全一致。

---

　　① 费梦麟口述，蕴辉整理：《绘制路牌广告画的几点要求》，载《中国广告》1981年第 1 期，第 46 页。

　　② 费梦麟口述，蕴辉整理：《绘制路牌广告画的几点要求》，载《中国广告》1981年第 1 期，第 46 页。

由于时代的原因，费梦麟在民国时期的作品已经不可考，但根据其长期的工作经验而总结的理论似乎在今天的一些绘制中也还有可用之处。这些理论并非是费梦麟首创，但却是费梦麟作为当时重要的路牌广告画工的总结。这些理论非常具有代表性，能够真实反映费梦麟在这一领域中的能力与经验，从一个重要的侧面体现了其作为当时重要的路牌画工的各个方面的能力。①

三、王祖升

王祖升，宁波鄞县人，1941年从宁波辗转逃脱日本人的封锁来到上海，最先在其二叔王楚亭所开设的招牌店——"王楚记"内当学徒工。"王楚记"主要经营户外广告中的民墙广告等，也代做一些招牌广告。"王楚记"中有专门的绘制师傅，但是民墙广告的工作量很大，其业务也多找人代做。"王楚记"所代理的产品在1941年以前主要为"老刀""哈德门""大英"牌香烟广告，而在1941年以后，主要的代理产品是日本货，如味之素、仁丹、大学眼药、大王油等，而在1945年以后基本是美国货居多，也有部分国货，但在民国后期经济处于边缘时期，广告业务不多。在抗日战争时期与民国后期，王祖升三年学徒期满，马上进入行业工作，不久由于抗战胜利等因素的刺激，上海的经济出现了短暂的恢复，王祖升参与到大量墙体与路牌广告的绘制中去。当时绘制的民墙广告技术含量并不高，而在路牌广告的绘制与制作中，王祖升主要负责现场绘制工作即"画师"，而对于"样稿""设计稿"的设计，据其回忆"设计稿"并不复杂，很多样稿是由对方提供的，而且很多绘制类的路牌广告是文字与标志的结合，而且对于广告的发布，商家一般比较急切，设计稿达到一定程度后就马上投入生

---

① 以上内容来自：1）鲁懋德：《王万荣和路牌广告大王荣昌祥》，参见中国人民政治协商会议上海市静安区委员会文史资料委员会《静安文史·第7辑》，上海市出版局内部资料准印证(92)第225号，1992年印行，第80页。2）对于裘东明的访谈。3）费梦麟口述，蕴辉整理：《绘制路牌广告画的几点要求》，载《中国广告》1981年第1期，第46~47页。

产。但是这一时期已经明确地出现设计者与绘制者的分工不同，这一点一直延续到 1949 年以后，在王祖升所保存的一些为数不多的户外广告中仍可看到这样一种设计与制作之间的分工。在图 6-20、图 6-21 中可以看到，照片的背面是设计者和制作者的区分。只不过当时称为"作者"。这也与当时的社会对于户外广告的路牌广告的绘制情况相一致（见图 6-20、图 6-21）。

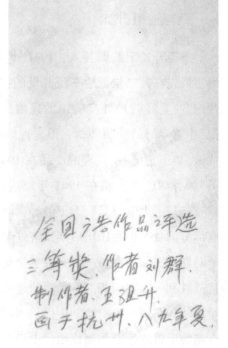

图 6-20　20 世纪 80 年代王祖升广告作品（正反）（一）

从现今保存的王祖升的作品来看，王祖升作为"民国时期"培养与成长的最后一批的"画工"，从毫无基础、未经任何正规教育，成长为掌握透视、渐变等画法的熟练画工，除去其个人生活的无奈与奋斗以外，完全是当时学徒式培训而得的。老师傅带徒弟是手把手地教导出来的，经验占据了重要的地位。王祖升在后期得到了一位重要的画师的影响，这就是赵锡奎。王祖升在赵锡奎身边做过半年至一年的助手，虽然对于这一经历，王祖升老人并不愿过多谈起(估计主要原因是赵锡奎本人脾气很大),但赵锡奎对其的影响应该是潜移默化的。王祖升老人是民国时期户外广告中路牌广告的真实见证者,他的早期作品虽然已经不可见,但根据其陈述与后期所留存的作品,可以看到王祖升对于当时大多数画师来说,仍具有一定的代表性。他也是当时社会背景下大多数户外广告设计师更为真实的写照。①

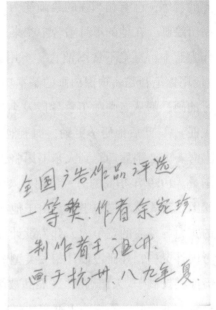

图 6-21　20 世纪 80 年代王祖升广告作品(正反)(二)

6.3.2　独具一格的设计师

设计分工后,一部分设计人员承担"画稿设计"这一工作,成为户外广告的"设计师",这其中最为著名的广告设计师就是庞亦鹏。庞亦鹏是浙江湖州人,早年从嘉兴秀州学堂毕业,当时秀州学堂为美国基督教会学校,

---

①　2015 年 1 月 24 日对王祖升的采访,采访地点为王祖升浦东家中,据王祖升回忆陈述总结而来。

美术课仅为辅修。但庞亦鹏酷爱美术，花了很多时间自学美术，并受到当时美国的教育家、擅长绘画的外籍校长戴维斯(音译)的青睐，戴维斯对其悉心指导。鉴于当时的实际条件，戴维斯指导庞亦鹏临摹美国学校图书馆内各种美国报纸期刊。他一开始学习当时风靡美国的插画家诺曼·洛克威尔①(Norman Reckwell)的画风，诺曼·洛克威尔早在美国杂志上崭露头角，每月都有新作发表。庞亦鹏着迷于这种插图，认真临摹反复揣摩，经过几年的苦练，已有相当强的绘画能力。毕业后，庞留校担任美术教师，依然钻研绘画，在他的单身宿舍中，桌上堆满各种欧美杂志，他将广告黑白画作为蓝本，且绝不贪图便宜，不用白圭笔。他常对当时的朋友叶心佛说："使用钢笔乃是一项黑白画的基本功。"②后来他考取了上海美专的函授班学习油画，师从老画师丁慕琴以及名导演马徐维邦(最早为明星影片布景画主任)。③ 此后他研学更勤，加上他个人秉性很高，勤奋好学，很快成名于上海。庞亦鹏后期得到大东书局骆无涯、周瘦鹃的推荐，成为大东书局绘图员。1929 年华商的另一位创办人、庞亦鹏的老乡蒋东籁请庞进入华商绘图，正式从事广告工作。由于他在广告设计中的独特风格，增强了华商的实力与外商的竞争力，升为设计部的负责人。在这段时间，庞亦鹏仍参考国外资料，并研习设计相关类型的工商美术、汽车外形等样式。有一次庞亦鹏投稿于"天鹅画展"，展品被徐悲鸿发现并在当时的《时事新报》著文称赞他的作品，不久，上海美协吸收庞亦鹏为会员。庞亦鹏创作了大量的美术作品，其中最为著名的一件就是在华商广告公司工作期间设计的《海京伯马戏团》海报。

抗战胜利后，上海重现繁荣，广告业又兴起第二次高潮，庞亦鹏脱离

---

① 诺曼·洛克威尔(1894 年 2 月 3 日—1978 年 11 月 8 日)，美国 20 世纪早期的重要画家及插画家，作品横跨商业宣传与爱国宣传领域。其最知名的系列作品是在 20 世纪 40 年代和 50 年代完成的，诺曼大部分的画作有点过于甜美、乐观，特别是为《周六晚报》封面所画的作品，更加深了"理想美国世界"的印象。

② 叶心佛：《自学成才的广告画家庞亦鹏》，载《中国广告》1981 第 1 期，第 47～48 页。

③ 如来生：《中国广告事业史》，新文化社 1948 年版，第 17 页。

华商广告公司，"后自设亦鹏画社，有人求他作画，广告部分事务要一并托他承办的"。① 由于他的广告画誉满上海，加上他对于各种广告的制作工艺熟悉，在设计样稿时能够充分考虑到工艺特点，因而在彩印、丝印、路牌等方面都游刃有余。这其中最为著名的合作是其和荣昌祥广告公司的合作，后期很多荣昌祥广告公司的广告稿来自庞亦鹏的设计，如当时著名的414 毛巾、白猫画布、长命牙刷、蝶霜等产品的广告路牌，都来自庞亦鹏的设计与荣昌祥广告公司的制作。② 荣昌祥广告公司在与庞亦鹏合作以后，其主要地段的路牌广告设计全部由庞亦鹏的广告画承包了。庞亦鹏的广告设计对当时整体的户外广告画的影响很大，根据《美国生活杂志》记者杰克·伯恩斯当时拍摄的荣昌祥广告公司专属的广告阵地的图片，我们可以看出荣昌祥广告公司的广告牌明显带有美国的唯美插画风格，这种风格得到受众与社会的普遍认可，而庞亦鹏的这种风格也成为当时户外广告设计的主导。

6.3.3　多种形式的户外广告设计、制作等人员参与

除了直接从事户外广告的设计制作的分工程序所属的人员之外，从事不同相关户外广告的公司的负责人、经理等也是与户外广告设计相关的重要群体。他们直接或间接地从事着户外广告接单、工作分发、人员协调、管理等保障公司正常运行的基础性工作，而且部分广告社、广告公司的老板也参与实际的设计与生产，比如王万荣本人自己就是画工学徒出身，早

① 如来生：《中国广告事业史》，新文化社 1948 年版，第 17~18 页。

② 以上内容参考：1) 央视网视频·人物·老上海广告人·庞亦鹏，http://tv. cntv. cn/video/C10366/cc2b6ddb072346dfd6aa5dac84dcc403。2) 如来生：《中国广告事业史》，新文化社 1948 年版，第 15~17 页。3) 叶心佛：《自学成才的广告画家庞亦鹏》，载《中国广告》1981 年第 1 期，第 47~48 页。4) 郑逸梅：《郑逸梅选集·第六卷》，黑龙江人民出版社 2001 年版，第 476 页。5) 赵琛：《中国广告史》，高等教育出版社 2005 年版，第 313~314 页。此书中对于庞亦鹏的出生地为浙江南鄞，实为浙江湖州嘉兴，蒋束籍实为蒋东籍，特此说明。6) 徐昌酩：《上海美术志》，上海书画出版社 2004 年版，第 115 页。

期也是身先士卒地参与实际的广告设计工作。而在当时商业美术师或商业美术工作者的群体中,很多人迫于"生计"或各种现实的压力,没有那么严格与教条化,而是灵活地摆正自己的社会位置,根据自身的生活现状与现实需求及时调整,从事相关工作。当时也有很大一批人员(我们可以统称为"兼职"人员),不仅兼职从事户外广告的制作,也兼职其他形式的绘画。比如著名画师赵锡奎也从事油画、壁画的创作;著名的漫画家张乐平曾在中国化学工业社为三星牌化妆品画过广告;蒋兆和也曾经为上海的南京路上先施、永安等公司绘制过户外广告牌;而叶浅予也曾为"月光牌麻纱""三角牌手帕"创作过广告画,其在三友实业社广告部工作期间,专门制作门市部门口两块大幅的广告牌,宣传三友实业社的新产品,有时也在各个专业柜台上画点小广告,为顾客指明方向。① 此外,沪上画家杨俊生也受聘于新光、紫光、通明霓虹灯厂设计商标或工商美术。② 还有一位是蔡振华,他的黑白画富有装饰性,可以说独具风格。1934 年他毕业于国立杭州艺术专科学校图案系,到上海后先后在景艺广告公司、商务印书馆、惠益广告公司、新业广告公司等任职,从事橱窗广告、报纸广告设计。其 20 世纪 40 年代为正泰橡胶厂设计的"回力牌球鞋"广告,使该厂产品名闻全国。③ 而对于一些商业美术机构来说,参与这些招贴绘画则更为直接。如丁悚擅长黑白人物画,主要绘制报纸广告,他以粉红色调设计的"红锡包"香烟广告画,不仅被大量印成招贴画张贴街头,还被制作成大型宣传路牌置于街头,影响很大(见图 6-22、图 6-23)。④ 中国的工商美术家在此间与西方的技师同台技艺,既竞争又合作,不仅在实际的工作中学习到最为直接的西方经验与技术,而且又在自身学习的基础上,推进了户外广告设计

① 叶浅予:《细数沧桑记流年:叶浅予自传》,中国社会科学出版社 2006 年版,第 51 页。

② 徐昌酩:《上海美术志》,上海书画出版社 2004 年版,第 459 页。

③ 《上海通志·专业志》,http://www.shtong.gov.cn/Newsite/node2/node82538/node84939/node84942/node84972/node84974/userobject1ai87025,html,2007-12-08。

④ 《上海通志·专业志》,http://www.shtong.gov.cn/node2/node2245/node73148/node73151/node73201/node73233/userobject1ai,87025.html,2007-12-08。

的发展。

图 6-22　红锡包招贴广告

图 6-23　红锡包烟盒

　　这些不同形式的户外广告设计师、经营者、画师等虽然从业时间、从业目的、学习经历、个人风格、家庭背景出身、国籍等各不相同，但这些人员的从业过程恰是户外广告混杂式发展的基础，也正是这些混杂式的发展促进了上海户外广告在民国时期的整体推进。他们所带来与宣传的时尚元素无疑是户外广告作为时代前行与早期设计发展的独特牵引力的重要体现。当然，对于民国时期户外广告主体的设计师、画师、施工人员等的区分，仅是从其所从事的主要工作内容上进行的"主体标准化"和"理想化"的界定，是为了更好地理解这一时期户外广告的发展与人员分工。在笔者看来，这些都是分工的不同，绝无高下之分。而且这些区分也只是明晰设计的分工与设计之间的影响而已，绝不是依据已有的形式所进行的工种上的刻板划分。对于当时的户外广告从业者的分析，应该从不同的具体情况、具体分工与取向来进行综合性的评述。

这些户外广告的参与者，不仅是户外广告设计的参与者，也是其他多种类型商业美术的实践者。他们在不同时机参与了不同的设计内容，这些内容对整体设计的发展起到了重要的推进作用，也对当时的社会、审美、文化的整体发展起到互促互进的作用。他们共同推进了中国近现代社会的整体前行与发展，直至下一个重要时期。

◎ **本章小结**

在20世纪中后期上海的户外广告设计发展中，其依托商业美术与户外广告之间的相互融合，在促进与协助商业发展的过程中，也形成了自身的专有化的户外广告设计体系。这个体系隶属于广告行业，但更为具体与细化，体现了当时各个行业发展的完整性与专有性，并催发了专有化广告公司的成立与壮大。如当时的荣昌祥广告公司、联合广告公司等，都是业界著名的专有化户外广告公司。这些公司的专有化发展不仅对商业发展起到了重要作用，也培养了一部分专有化的户外广告设计人才。而且这些户外广告的专有化从业者也根据专长与分工不同，成为户外广告设计领域内的各个方面的专有人才，在行业发展的过程中，促进了早期设计行业的设计分工的成熟与完善。

总体说来，20世纪中后期，上海户外广告行业的发展在不断的行进过程中，虽然应对了不同方面的问题与阻力，但仍然逐步形成了户外广告整体的设计体系。这对于中国户外广告发展，甚至是设计行业的发展，都是一个重要的节点与阶段。

第 7 章　1949 年之后上海户外广告设计特征与影响

　　1949 年以后，上海作为全国的经济中心，广告行业相对发达，户外广告作为一个重要的分支，不仅是不同时期经济的"晴雨表"，也从另一个侧面反映了不同时代背景下，经济、文化、城市发展、审美方式的演进。中华人民共和国成立后的几十年间，经历了社会、经济、文化、意识形态的变迁，不同时期都不可避免地对户外广告设计的形式与内涵产生冲击，而户外广告设计在不同时代背景下的影响也呈现出不同的状态。

　　上海户外广告从最初的广告同业公会的维持到公私合营后，"产品美化，宣传产品功效"和"商品宣传与政治宣传一体化"的设计思路，再到"文化大革命"后纯政治化的宣传手段，户外广告设计走过一段艰难之路。改革开放后，得到新生的上海户外广告设计大跨度地发展，但缺少科学、客观的认识与规划，又造成了设计的滥觞与无序，最终引起了后来的严格治理与整顿。整体来看，不同时期的户外广告设计的特征演变不是孤立与割裂的，而是在偶然中具有必然性。客观分析这些特征，总结规律，可以为当今上海户外广告设计的理论提供依据与参考，并为户外广告设计从文化重建、城市形象规划、视觉设计等各方面在寻找突破点，逐步在全面化、科学化、系统化设计的认知下，打磨出上海这张性格鲜明、内涵丰富的户外广告的"城市面孔"。

7.1　中华人民共和国成立初期的户外广告设计的发生与演变

7.1.1　"恢复"时期以商业为主的户外广告设计

中华人民共和国成立初期，毛泽东指出："从我们接管城市的第一天起，我们的眼睛就要向着城市的生产事业的恢复和发展。"①城市中其他工作"都是围绕着生产建设这一个中心工作并为这个中心工作服务的"。② 这就从整体上要求上海各界人民在新政权的领导下，立即投入到整顿和恢复经济的工作中去。

在这种情况下，一方面，中华人民共和国成立后最初的上海户外广告设计呈现出以恢复为主的设计态势。原有的上海广告同业会中的路牌组主要负责户外广告设计，1951 年 2 月成立的上海市广告商业同业公会设有路牌组，由 22 家专营路牌的广告商组成，以户外广告大户"荣昌祥"为主，在原有的成都北路、南京西路的路口广告阵地上保留了许多中华人民共和国成立前的路牌广告，还增加了一些新的户外广告路牌。绘制形式与手法沿用了中华人民共和国成立前的写实为主，图文并茂地宣传各种产品信息。同期，为配合大型商品交易会，路牌的形制、大小等表现手法也更为丰富。1951 年，上海市土产展览交流大会举办期间，广告商在会场附近设置了一批广告牌与临时广告门头，延续了户外广告牌的早期制作形式与设计方法，并开始制作专业的临时门头进行宣传，为各个厂商刊登广告，此举大受欢迎(见图 7-1)。

另一方面，户外广告设计呈现出"政治化"的需求。在新政权的影响下，户外广告设计的内容出现了转变，由完全为商业服务开始部分转变为

---

① 《毛泽东选集》(第 4 卷)，人民出版社 1991 年版，第 1428 页。

② 《毛泽东选集》(第 4 卷)，人民出版社 1991 年版，第 1428 页。

图 7-1　1951 年 6 月上海市土产展览交流大会第一大门

为新生政权进行宣传，演变成面向广大人民群众进行标语与口号宣传。中华人民共和国成立前，上海美专的地下组织为了迎接解放军进城，就开始绘制大型的宣传画像作为户外宣传，放置在上海当时最热闹的大世界门口并高挂了起来，还为电车公司绘制了小型的宣传画像，放置在电车车头进行户外宣传（见图 7-2）。[①] 但总的来说，1949 年后的户外广告设计在新政权管理的"盲区"中自主地进行恢复。

7.1.2　"公私合营"背景下的户外广告设计的转型

上海广告业开始整顿私营广告，统一管理，并强调广告业为党政服务的必要性，以"荣昌祥"为主的广告公司在 1956 年完成公私合营，上海市广告公司成立。公私合营后，户外广告的设计制作得到整合，在一定程度上加强了原有零散资源的有效利用，如 1958 年 1 月，上海市广告公司整合了上海原有的 20 余家私营霓虹灯厂，合并成立了上海市霓虹广告公司（后改称上海市霓虹电器厂），成为全国最大最全的霓虹灯厂，便于其集中力

---

① 樊琳：《上海美术专科学校口述史（上）》，参见上海档案馆《上海档案史料研究》（第 6 辑），上海三联书店 2009 年版，第 86 页。

量制作一批比较有代表性的霓虹灯广告。

图 7-2　上海解放时的政治宣传车

如当时的永久、凤凰等自行车广告，就是利用霓虹灯的闪烁模拟正在骑行的自行车，效果逼真，成为这一时期的代表作。除此之外，还有蜜蜂、飞人牌缝纫机等，其利用霓虹灯制作商标字体，进行宣传。上海大世界的店招，利用"大世界"的字体，配合弯曲的流线型渐变的霓虹灯管做成百花齐放的样子，围绕在"大世界"字的周围，有 100 多平方米，夜晚打开，流光溢彩，非常有特点(见图 7-3)。① 其他形式的商业化户外广告仍以路牌广告为主，公私合营后还有过一定时间的短暂发展。1956 年前后，以

---

　　① 根据原上海霓虹电器厂安装车间工人邵国平采访记录而来。采访时间为 2014 年 10 月 10 日，采访地点为上海新亚霓虹广告有限公司董事长办公室。

荣昌祥广告公司为主的户外广告公司实行公私合营后，上海的路牌广告出现了相对稳定的路牌广告群，分布在车站、码头和主要商业街区，发挥了美化市容的作用，如1958年，上海市广告公司在市内增设路牌255块。客观上，公私合营后的户外广告设计克服了原有的资金等问题，但随之也产生了新的问题。不久，公私合营上海市荣昌祥广告公司党支部向上级管理部门致函，反映中国广告公司上海市公司对荣昌祥广告公司财务上缴利润处理不当的意见。① 同时，政治题材的户外广告的范围越来越大，商业性质的户外广告开始在夹缝中生存。

图7-3 20世纪50年代上海大世界游乐场

根据相关资料显示，自1958年至1966年"文化大革命"前夕，上海市

---

① 上海市档案馆档案，《中共上海市委财政贸易工作部关于转达"荣昌祥广告公司党支部对郑孝伦意见"的函》，档案号为A65-2-413-96。

广告公司几乎每年都要增设、修复、重漆各种类型的广告牌，同时还承接各种类型的产品宣传广告。① 但明显可以看出政治类型的户外广告出现得更为频繁。自 1954 年开始，为了迎接国庆，就已经大面积地拆除了高楼大厦上的霓虹灯商业广告。1959 年 1 月 25 日，上海美术设计公司全体工作人员参加支持古巴、刚果人民反帝斗争的运动，绘制了 130 幅对开招贴画。

　　值得一提的是，1959 年上海举行的全国 21 个城市的商业广告工作会议首次提出了社会主义广告设计观的问题，作为此时期的户外广告设计思路转型的纲要，对设计本身进行了必要的定义——"广告是通过美术的手法，向人们介绍商业知识，并指导人们的基本消费，起促进城市和农村的物质交流、商品生产以及提高社会经济文化的重要作用。"②后来又提出"商业广告通过商品宣传与政治宣传一体化、表现社会主义的思想、政策、真实性、艺术性和民主性"（见图 7-4）。③ 这是当时的广告观或者说是当时的广告设计思路，朴素却具有探索与实用的价值，对于当时的商业属性的户

---

　　① 　参见：1)《上海志·专业志·上海工商行政管理志》第六篇 "广告管理"（http://www.shtong.gov.cn/node2/node2245/node69674/node69684/index.html）中的内容：为庆祝中华人民共和国成立 10 周年，突出广告为社会主义经济服务，1959 年 8 月，商业部在上海召开 "全国商业广告，橱窗和商品陈列工作会议"。上海对大量的路牌、招牌、霓虹灯、报纸、幻灯、实物陈列等广告进行了调查和整理。市中心区的政治宣传牌由 54 块增加到 93 块，并增加 6 处大楼高层霓虹灯政治标语广告，增强了市区主要商业街政治气氛。2)《上海志·专业志·上海工商行政管理志》第六篇 "广告管理"，第一章 "登记管理"，第二节 "整顿"（http://www.shtong.gov.cn/node2/node2245/node69674/node69684/node697 13/node69787/userobject1ai69341.html）中的内容：1954 年，市工商局和建国五周年国庆活动筹备委员会，对商业广告采取划区管理的办法，并对全市三点四线地段的广告进行整顿。3)上海档案馆档案，《上海市建筑管理局向上海市建设委员会提交 "关于人民广场四周高楼装设霓虹灯广告牌的报告"》，档案号为 B123-5-341-673；上海档案馆档案，《上海市广告公司就政治路牌和霓虹灯政治标语等问题提出请示意见》，1 月 18 日提出，22 日批复，档案号为 B172-5-557-1。

　　② 　黄升民、丁俊杰：《中国广告表现透视》，民主与建设出版社 1995 年版，第 11 页。

　　③ 　黄升民、丁俊杰：《中国广告表现透视》，民主与建设出版社 1995 年版，第 11 页。

外广告设计来说更具有设计思路上的指导意义。① 但"文化大革命"时期，广告路牌全部变成政治标语牌等政治化宣传工具。

图 7-4 20 世纪 50 年代上海"双钱牌"标准球鞋的宣传广告

7.1.3 "文化大革命"时期以政治为主的户外广告

1966 年"文化大革命"开始后，各种霓虹灯、招牌、广告灯以及路牌广告等作为"资本主义产物"被砸毁或被涂掉，市内广告牌被改制成"红海洋"式的政治宣传牌。1966 年 7 月，上海市广告公司设计的"芳芳"化妆品广告画稿被列为"宣扬资产阶级情调"的典型之一，作者遭到迫害，公司被诬为

———————————

① 黄升民：《广告运作策略》，辽宁大学出版社 2005 年版，第 11 页。

"复辟资本主义的工具"。① 上海市广告公司因此更名为上海市美术公司，原有的路牌组成员主要承办画稿设计和政治宣传牌施工业务。"文化大革命"期间，广告路牌全部变成政治标语牌。

　　上海原有的户外广告资源在当时都被用来进行政治宣传，其中上海霓虹电器厂在1968年在人民广场前的上海市人民政府大门左右两侧安装了巨型的霓虹灯政治标语。据当时上海霓虹电器厂安装车间工人邵国平回忆：在政府大门的左右两侧各有一个大的霓虹灯牌所组成政治标语带。其中每个字高4米，总长超过50米，字体为正楷，使用的是四管的霓虹灯。在外滩几乎每栋楼都有政治标语（见图7-5、图7-6），如外滩总工会大楼上的标语："全世界无产者联合起来！"

图 7-5　1966—1976 年的上海外滩

　　①　《上海志·专业志》，http：//www. shtong. gov. cn/node2/node2245/node66046/node66062/index. html，2008-07-21。

图 7-6 1966—1973 年上海的人民广场

即使是在"文化大革命"期间，户外广告业也努力进行设计形式的新探索，如 1973 年 4 月，上海市美术公司在市郊城镇试行"小路牌群"广告形式，宣传农村适销对路的商品，希望将户外广告以新的设计形式展现于农村，但不久，依然在"反复辟"声中再次被拆除。

7.2 1978 年后的户外广告设计特征

7.2.1 改革开放初期的户外广告设计的恢复与特征

1978 年十一届三中全会以后，国家领导集体再一次将国民经济的发展放到了首位，全国各个行业进入新的恢复与发展时期，上海的广告行业也重新发展起来。1979 年 2 月，上海市美术公司(1979 年 5 月 23 日更名为上海广告装潢公司)在南京西路成都路口率先恢复发布第一块路牌广告("日本航空公司"广告)，这也是第一块外商路牌广告(见图 7-7)。随后，不同的国内外公司陆续开始在上海发布各种类型的户外广告，截至 1979 年 2 月底，上海的街道上出现了 40 余块户外广告牌，主要类型仍是以路牌形式为主的户外广告，基本上是外商(主要为日商)广告。户外广告牌的设计与前期带有明显的区别，开始应用对比、几何图形为主的构成法则，有意识地控制图文之间的编排与协调，材质上仍以油漆与铅锌铁皮为主；而内容上，除了商业宣传之外，很多商业电影的宣传海报也开始使用户外广告牌的形式(见图 7-8)。当时的制作水平虽然有限，但对于"文化大革命"之后的户外广告设计，仍起到了必要的示范、带动作用。随着外商户外广告的增多，上海户外广告逐渐进入新的发展时期。

图 7-7　改革开放后上海的第一个路牌广告("日本航空公司"广告)

图 7-8　20 世纪 80 年代上海街头的《超人》电影广告

1980年9月，上海美术装潢公司在浦江对岸的大陆饭店设立了日本"三洋"霓虹灯广告，为了配合国庆气氛，该工程于10月1日亮灯，成为当年黑暗的浦江夜晚的第一片亮色。1985年8月，上海广告装潢公司与日本客商合作在上海国际饭店楼顶设置东芝霓虹灯广告（见图7-9）。新的材质也陆续出现，丰富了户外广告的表现形式，其中比较有代表性的就是灯箱广告的出现。1986年，上海已经出现用白炽灯显示的广告牌，这种依靠喷绘技术与内部光源的广告，可以昼夜显示广告信息。除灯箱广告外，还有电子翻转牌广告、大屏幕彩色显示、三面翻转等新型户外广告形式也在机场、车站、河道两侧等车、人流量较大的公共场所出现。

图 7-9　国际饭店上的东芝霓虹灯广告　　图 7-10　20 世纪 80 年代上海汽水广告

多样式、多材质的户外广告的特征，对于社会经济的恢复、城市发展、人们思想意识的解放起到了重要作用，人们在户外广告的变化中体会到了改革开放的习习春风。但很多设计仍保留了绘画的技法与形式（见图7-10），仅力求准确体现商品的属性与固有价值。严格意义上说，这一时期的户外广告设计更多的是"广告宣传画",而不是"户外广告设计"。随着商业竞争的加剧,这种过于"实事求是"的广告画商逐渐开始显现观念陈旧的状态,无法表达商家迫切要求销售产品的愿望,也无法带给消费者较为震撼、吸引眼球的感觉。20 世纪 90 年代以后,上海户外广告又进入新的发展时期。

7.2.2　高速发展的户外广告设计的形态

20 世纪 80 年代末 90 年代初,邓小平发表"南方谈话"后,人们的思想得到了进一步的解放。户外广告的设计已经不再满足于早期的产品宣传功能,而是有意识地通过户外广告的设计来主动吸引人们的目光,创作形式上开始追求"新""奇""大""特"等带有"力度"的视觉效果。1994 年,南京路上的上海市第一百货商店为新闻报做了一期巨幅户外广告,将新闻报整张报纸进行扩大,将上海第一百货的外墙全部进行包裹(见图 7-11);而在巨幅海报的两侧还有对新闻报改版的祝语,让当时人们感觉到很"正规与官方"的宣传方式,达到了吸引眼球的宣传的目的。

图 7-11　1994 年上海第一百货公司户外的大幅广告

在此时期，设计形式上也有所变化，由于电脑图形辅助技术的出现，喷绘、写真普及与技术的更新，户外广告设计异彩纷呈，尤其是各种灯光为媒介的户外广告形式开始流行。其中，1989年南京路整体以霓虹灯为主的户外广告、招牌、外墙的整体规划的城市"亮化"项目是其中代表（见图7-12）。承接此项目的上海美术设计公司整体规划了西藏路到浙江路为一期工程，总体设计为上下三层的不同效果。上层：建筑物顶部，安排高大巨型霓虹灯广告牌；中层：以店招为一线，由霓虹灯招牌，伸出式的霓虹灯及灯箱、立体字发光以及建筑物轮廓发光组成一条光带；下层，新增了近60只大型新颖灯箱，并首次采用8只伸出式霓虹灯广告牌，分列在食品公司和服装公司沿街的立柱上。南京路整体亮化工程实现了上海户外广告整体设计、规划、安装、协调、管理等各个方面质的突破与飞跃，成为以后上海市户外广告设计与城市景观融合等多方面的工程样板（见图7-12）。1991年，上海美术设计公司发布上海大众汽车立体广告（见图7-13），可谓

图7-12 20世纪90年代"亮化"改造后的南京路夜景

"奇"与"特"的代表作。该户外广告的设计者采用一辆真车作为设计主体，将实体汽车与户外广告牌结合共同组成立体的户外广告，这是上海首次出现用真车为道具的户外广告。该设计获得了1991年中国广告协会广告公司委员会优秀广告三等奖。

图7-13　20世纪90年代上海大众真车户外广告牌

　　20世纪90年代，上海的户外广告设计在自身的探索与进步的同时，外来的带有先进设计理念、表现手法的户外广告也成为重要的组成部分。如1992年奥林巴斯准备进入国内市场，首选上海进行户外广告宣传，日方为了确保视觉效果与质量，材料直接从日本进口，由国内安装，最终在淮海路上的妇女用品大楼安装了大型奥林巴斯动态霓虹灯广告（见图7-14）。该广告牌采用了沿用楼外侧的弧面效果，扩大了视觉范围，同时利用先进的霓虹灯控制器技术产生多层水纹相互更迭交织效果，视觉效果精巧而华丽，起到了很好的宣传效果。①

①　据原上海霓虹电器厂安装车间工人邵国平采访回忆。采访时间为2014年10月10日，采访地点为上海新亚霓虹广告有限公司董事长办公室。

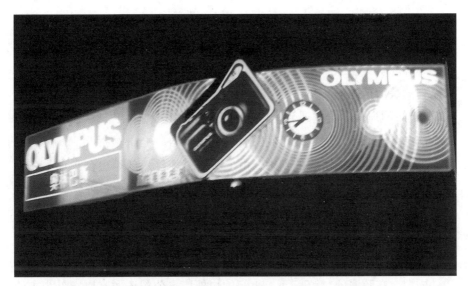

图7-14 1992年淮海路妇女用品大楼上奥林巴斯的霓虹灯广告

上海作为改革前沿地，在户外广告设计方面不仅做到了"最大、最新"，而且在设计服务与管理的理念上也比较早地步入正规化、科学化，开始具有现代广告设计运作的机制。当时的上海美术设计公司，长期承担上海大众的户外广告宣传项目，1990年以后，该公司意识到广告的设计与设计管理同样重要，遂为上海大众这一大客户成立了"上海大众项目组"，专门围绕上海大众的各种业务开展"重信誉、创优质服务"的广告服务。①该公司将对户外广告的服务纳入户外广告的设计中来，形成了一整套的设计理念与体系，便于城市规划与统一管理。

7.3 20世纪上海户外广告的管理与影响

20世纪末上海户外广告的快速发展最终导致了一些变数，户外广告设计的重要载体霓虹灯广告，在国家政策发生改变和以LED为代表的新型发

① 沈柔坚：《根深叶茂——上海美术设计公司四十年》，内部资料，1996年印行，第51页。

光产品的更新换代后，逐渐萎缩直至几近消失。各种形式的户外广告混乱且无序的发展已经严重影响到城市的形象，造成了视觉污染、文化缺失、安全隐患、缺少统一规划等各方面的问题；随之，中央与地方政府出台了一系列的整治措施。2006 年国家工商总局发布的新《户外广告登记管理规定》，上海的户外广告遭遇到了前所未有的洗牌，2006 年 5 月在上海六国峰会前夕，外滩沿江边十几年间安置的大型广告牌全部被拆除。2008 年 2 月，上海为了迎接世博会的到来，由上海建交委等六部委出台了加强户外广告及非商业广告设施管理实施的相关意见，① 严格审批户外广告的安放位置、数量大小等内容，造成户外广告大面积消亡。一个月后，上海市市容局又发布了一个"内部通知"，要求上海市各级政府立即暂时停止所有户外广告的审批。

同期，在政府的"治理"下，上海的户外广告公司还面临以国外为主的大型户外广告公司兼并重组的状况，如 2002 年 TOM 收购中国内地 4 家主要户外媒体公司的控制性权益，2005 年法国德高贝登收购媒体世纪、媒体伯乐，分众传媒收购聚众等其他框架媒体等。一系列的重组使不同形式的户外广告的资源重新得到配置；国际化户外广告公司的兼并后促成国外设计理念与国内设计理念的融合，更趋于重新审视"海派"的设计文脉的重要性，思维上逐渐开始将设计的视角由简单的对国外设计的模仿转变为具有本土特色的设计，力图在国外技术的基础上完成具有民族化与地域化的创新，推进整体设计的创新发展。

经过了高速前进与政府强力治理，户外广告的"过山车"般的发展，伴随着种种阵痛。上海户外广告设计如果想要健康、持续地发展，必须重新审视与定位，明确户外广告设计也不再是其设计本体的问题，而是一体化、全方位、整体化的"大设计"的概念，需要从城市视觉文化元素的各个方面进行考量。

优秀的户外广告设计是一个科学化的设计系统。首先在文化层面上，

---

① 《上海市青浦区人民政府办公室转发区市政局等三部门关于进一步加强本区户外广告及非商业广告设施管理实施意见的通知》，http：//www.shqp.gov.cn/gb/content/2008-05/27/content_379167.htm，2008-05-27。

需要从城市文化的文脉与内涵出发，户外广告设计不仅是商业宣传与单调的产品介绍，更是城市户外视觉表现的有机组成部分，是在商业视觉元素中蕴含着城市传承的"文脉"的设计。其次，在设计层面上，需要从上海城市独有的海派文化中寻求出海派元素并融合进户外广告的本体的结合点，才能设计出具有上海文化特点的户外广告，而不是"千城一面"的雷同，更不是简单地模仿与借鉴外国的设计。再次，随着新世纪上海整体的城市建设与规划，城市整体形象概念的深入人心，户外广告设计作为整体规划的一部分，其自身的视觉元素与视觉表述成为城市整体视觉文化的组成部分；在这里它是商业宣传手段，也是城市视觉元素之一，需要将它与城市或周边环境进行综合考量，相互补充，相得益彰。如上海的八号桥、红坊等改造后的文化商业街区，在很大程度上进行了这方面的探索。红坊是位于淮海西路(570~588号)核心地段的上钢十厂原轧钢厂废弃厂房，改造后成为时尚街区。在改造中，既有整体设计品位，又保留原有特色，将户外广告、招牌、指示牌与原有的厂房的外立面、厂区空间进行了良好的结合，其中新进入的商家 Nterni(意特丽)卫浴及厨房利用原有的厂房外墙巧妙地进行植被覆盖，利用植物的变化设计出新颖且颇具上海时尚气息的户外广告。

最后，新科技、新工艺、新材质的层出不穷为户外广告的设计提供了无尽的可能性，很多设计的创意与现代高科技不可分割。如上汽大众新车发布时的户外广告就是利用高科技的 3D 投影在太平洋百货外墙进行宣传，利用夜晚 3D 效果变化吸引受众，取得了不错效果。在此之外，现代社会进入节约化、可持续化的时期，在进行户外广告整体设计中还需要考虑到户外广告的可持续性，如何最大限度地重复利用资源，减少污染，使用环保材料，设计出安装人员易拆易装的广告，都对现代整体化户外广告的设计提出了更高要求。

现代社会户外广告的设计进入多维思考的阶段，需要将创意与先进的技术手段相结合，然而所有的技术与手段都不过是设计过程中的一张"白纸"，其设计的核心还是创意与全方位规划，只有抓住设计的核心才能更好地为社会发展与城市规划的提供自身的力量。

◎ **本章小结**

　　上海近现代户外广告设计在不同时期发展中都存在着挑战与机遇，我们需要合理地把控与处理这些矛盾，统筹文化设计、系统设计、综合设计等多种因素，与各相关部门合理规划、整体协同设计才能更好地营造出靓丽的具有海派城市文化的"第二道视觉风景线"。户外广告作为城市重要的视觉景观，在重塑城市人文特点中有着积极的作用与影响。

　　1949 年以后，上海市的户外广告的设计伴随着社会经济发展、科技进步在不同时期体现出不同的特征。最初的户外广告在原有以商业路牌广告为主的情况下逐渐加入政治宣传题材的户外广告，而"文化大革命"时期全部转变为政治宣传的广告。改革开放后，户外广告设计在内容、形式、材质、理念上从无到有再次经历了一个起步、壮大、成熟的过程。如今，上海的户外广告设计更强调文化创意与城市特色的和谐发展，逐步将户外广告纳入整体化、科学化、系统化的设计体系。在此，本部分希通过对上海户外广告设计的客观分析与理性研究，总结出不同阶段的设计特征，为今天户外广告的整体设计提供必要的参考。

结　语

近现代时期上海的户外广告最初产生于西方殖民者的经济侵略，虽然传统商业中的招牌、招纸与幌子也是户外广告的种类，但这些遗留下来的传统形式无法适应与对抗资本主义背景下潮水般的商品及其商品宣传。上海沪外广告这一情况自上海开埠后，到19世纪末期20世纪初期，已经随着西方商业的完备而逐步形成自己的体系。这种体系不仅体现在是商业化的户外广告与商业入侵、经济竞争结合的冲锋，还体现在户外广告的种类逐渐多样化、丰富化上。这些客观存在与设计分析，可以认为是近现代上海户外广告研究的基础。

通过对近现代上海户外广告体系的相关研究，分析其价值与独特影响，需要从正面的方向与客观的角度阐释户外广告对于当时上海社会发展与都市发展所起到的各种作用，如对于整体工商美术的促进、个体设计的完善与应用的体现，对于城市的美化与城市文明的促进等。此外，这种作用还并行于都市的建设与城市发展中，是上海近现代化整体都市建设完善的添加剂。没有户外广告的繁盛，就没有上海作为当时"世界广告之都"的说法，更没有上海都市本身的繁华，而这些内容都体现在本书各个章节"或明或暗"的户外广告牵引作用的论证中，将其价值从人们长期忽视的视域中着重描绘出来。这种细化的设计发展过程的研究，不仅明确显现其在民国时期上海的作用与价值，也强调了今天对于上海民国时期户外广告设计的研究意义，不仅是对于遗存资料的完善收集，也是对其利用与开发的促进；不仅是当今设计形式的回顾，也是设计再利用的重生；不仅是社会前行中的必要分析，更是多元化价值开发的方式。只有从这些方面与角度，才能全面深化了解民国时期上海户外广告设计的价值与属性。而这些内容在本书中都有相对详尽的阐述与论证。当然，这些内容并未局限于民国时期的断代研究，笔者在户外广告设计的演化中，将民国时期上海的这些设计作品、设计人员进行了时代的推移。其中也有很大一部分成为 1949 年以后的户外广告设计的主力军，而这些作品也成为一种设计文化的积淀，形成一种设计文脉，一直延续与流淌在上海对于近现代化乃至现代的设计影响中。一直延续到改革开放后广告的恢复，如 1978 年后在南京路第一幅户外广告"日本航空公司""上海汽水"等广告几乎就延续了 1949 年之前的"模样"。也让我们看到与反思，上海乃至全国的户外广告的设计不是今天，也不是在 1949 年或者 1978 年之后突然发展而成的，而是由近现代时期户外广告出现并发展，在经历了不同时期的发展与挫折之后历经沉淀而成。这是符合事物发展螺旋式上升的规律的，也是正常的时代发展与社会变革。这些不仅可以看作是一种设计与近现代化之间相互影响的延续，更可以看作是由户外广告所反映上海这一独特地区的生活方式、思维理念、人群意识结构的特征，以及这些特征的延续与文化上的推进。

参 考 文 献

[1][美]晢斯顿公司．广告须知[M]．甘永龙，编译．上海：商务出版
　　社，1918.

[2]卢寿镁．实业致富新书(上、下)[M]．上海：中华书局，1918.

[3]王臻善．沪租界前后经过概要[M]．北京：北京国际公报社，1915.

[4]朱庆澜．广告学[M]．香港：商务书局，1918.

[5]叶建伯．美国工商发达史[M]．上海：商务印书馆，1919.

[6]吴东初．进货学(商业概要第二卷)[M]．上海：商务印书馆，1923.

[7]陈荣广．老上海(中)[M]．上海：上海泰东图书局，1924.

[8]商务印书馆编译所．民国十三年编订法令大全[M]．上海：商务印书
　　馆，1924.

[9][日]井关十二郎．广告心理学[M]．唐开斌，译．上海：商务印书
　　馆，1925.

[10]蒋裕泉．实用广告学[M]．上海：商务印书馆，1926.

[11][日]弓家七郎．都市问答[M]．刘光华，译．上海：商务印书
　　馆，1926.

[12]蒋国珍．中国新闻发达史[M]．上海：世界书局，1927.

[13]蒋国珍．民国丛书 第3编[M]．上海：上海书店出版社，1927.

[14]王云五．万有文库第一集——千种广告学[M]．上海：商务印书
　　馆，1929.

[15]刘友惠．都市政策[M]．上海：华通书局，1929.

[16]一蝶．水泡[M]．上海：光华书局，1930.

[17]杨哲明．都市政策ABC[M]．上海：ABC丛书社，1930.

［18］王云五．万有文库第一集——千种零售学［M］．上海：商务印书
馆，1930．

［19］王云五．万有文库第一集——千种店员须知［M］．上海：商务印书
馆，1930．

［20］苏上达．广告学纲要［M］．上海：商务印书馆，1930．

［21］董修甲．四大都市之市政［M］．上海：大东书局，1931．

［22］王澹如．商业经营 ABC［M］．上海：ABC 丛书社，1932．

［23］刘葆儒．广告学［M］．上海：中华书局，1932．

［24］［美］L. D. Herrold．实用广告学［M］．李汉荪，华文煜，编译．上海：
新中国广告社，1932．

［25］罗宗善．最新广告学［M］．上海：世界出版社，1933．

［26］蒯世勋．广告学 ABC［M］．上海：ABC 丛书社，1933．

［27］罗宗善．广告制作百日通［M］．上海：世界出版社，1933．

［28］上海市政府社会局．上海市工人生活程度［M］．上海：中华书
局，1934．

［29］朱积煊，高维礽．氖灯工业［M］．上海：商务印书馆，1936．

［30］［美］哥尔德．霓虹广告术［M］．陈岳生，译．上海：商务印书
馆，1936．

［31］柯灵．掠影集［M］．上海：世界书局，1939．

［32］陆梅僧．广告［M］．上海：商务印书馆，1940．

［33］周永耀．实业心理学［M］．上海：商务印书馆，1941．

［34］丁馨伯．广告学［M］．上海：立信会计图书用品社，1944．

［35］冯鸿鑫．广告学［M］．上海：中华书局，1948．

［36］如生来．中国广告事业史［M］．上海：新文化社，1948．

［37］筹办巴拿马赛会出品协会事务所．广告法［Z］．上海：巴拿马赛会出品
所，1914．

［38］北京大学历史系近现代史教研室．盛宣怀未刊信稿［M］．北京：中华
书局，1960．

［39］邹依仁．旧上海人口变迁研究［M］．上海：上海人民出版社，1980．

[40]中国人民政治协商会议全国委员会文史资料研究委员会《文史资料选辑》编辑部．文史资料选辑（第 27 辑）[M]．北京：中国文史出版社，1980.

[41]Ernest O. Hauser. 近百年来上海政治经济史（1842—1937）[M]．越裔译．台北：文海出版社，1983.

[42]上海社会科学院经济研究所．英美烟草公司在华企业资料汇编 第四册[M]．上海：中华书局，1983.

[43]上海文史馆文史资料委员会，上海市人民政府参事室文史资料委员会．上海地方史资料(三)[M]．上海：上海社会科学院出版社，1984.

[44]刘惠吾．上海近现代史（上、下）[M]．上海：华中师范大学出版社，1985.

[45][美]罗兹·墨菲．上海——现代中国的钥匙[M]．上海社会科学研究院历史研究所，编译．上海：上海人民出版社，1986.

[46]上海档案馆．日伪上海市政府[M]．上海：档案出版社，1986.

[47]徐百益．广告学入门[M]．上海：上海文化出版社，1988.

[48]葛元煦，黄式权，池志澂，著，郑祖安，胡珠生，标注．上海滩与上海滩人——沪游杂记　淞南梦影录　沪游梦影[M]．上海：上海古籍出版社，1989.

[49]徐百益．简明汉英词典[M]．上海：上海科学技术文献出版社，1992.

[50]上海对外经济贸易志编纂委员会．上海对外经济贸易志(上、下)[M]．上海：上海社会科学院出版社，1995.

[51]吴汉民．20 世纪上海文史资料文库(第 4 辑) 商业贸易[M]．上海：上海书店出版社，1999.

[52]苏士梅．中国近现代商业广告史[M]．郑州：河南大学出版社，2006.

[53]金普森，孙善根．宁波帮大辞典[M]．宁波：宁波大学出版社，2001.

[54]中国人民政治协商会议上海市静安区委员会文史资料委员会．静安文史(第 7 辑)[M]．上海市出版局内部资料准印证(92)第 225 号，1992.

[55][美]费正清，[美]费维恺．剑桥中华民国史(上卷)[M]．北京：中国社会科学出版社，1994.

[56][美]朱丽安·西沃卡. 肥皂剧、性和香烟：美国广告 200 年经典范例
  [M]. 周向民，田力男，译. 北京：光明日报出版社，1999.

[57]益斌. 老上海广告[M]. 上海：上海画报出版社，1995.

[58][美]尤利安·斯沃卡(Juliann Sivulka). A Culture History of American
  Advertising[M]. 大连：东北财经大学出版社，1998.

[59]朱国栋，王国章. 上海商业史[M]. 上海：上海财经大学出版
  社，1999.

[60]由月东，陈春舫. 上海日用工业品商业志[M]. 上海：上海社会科学
  院出版社，1999.

[61]罗苏文，宋钻友. 上海通史第九卷：民国社会[M]. 上海：上海人民
  出版社，1999.

[62]张树栋，庞多益，郑如斯，等. 中华印刷通史[M]. 北京：印刷工业
  出版社，1999.

[63]上海新闻志编纂委员会. 上海新闻志[M]. 上海：上海社会科学院出
  版社，2000.

[64]马敏. 商人精神的嬗变：近现代中国商人观念研究[M]. 武汉：华中
  师范大学出版社，2001.

[65]史梅定，等. 上海租界志[M]. 上海：上海社会科学院出版社，2001.

[66]陈培爱. 中外广告史[M]. 北京：中国物价出版社，2001.

[67]徐昌酩. 上海美术志[M]. 上海：上海书画出版社，2004.

[68][法]安克强. 1927—1937 年的上海[M]. 张培德，译. 上海：上海古
  籍出版社，2004.

[69]李峻. 日伪统治上海实态研究 1937—1945[M]. 北京：中央编译出版
  社，2004.

[70][美]卢汉超. 霓虹灯外：20 世纪初日常生活中的上海[M]. 段炼，吴
  敏，子羽，译. 上海：上海古籍出版社，2004.

[71]赵琛. 中国广告史[M]. 北京：高等教育出版社，2005.

[72]上海市档案馆. 城市记忆——上海历史发展档案图集[M]. 上海：上
  海辞书出版社，2006.

[73] 上海市档案馆. 上海档案史料研究（1—16辑）[M]. 上海：上海三联书店，2006—2015.

[74] [美]杰克逊·李尔斯. 丰裕的寓言：美国广告史[M]. 任海龙，译. 上海：上海人民出版社，2005.

[75] [法]梅朋. 上海法租界史[M]. 倪静兰，译. 上海：上海社会科学院出版社，2007.

[76] [美]费正清，[美]费维恺. 剑桥中华民国史（下卷）[M]. 上海：中国社会科学出版社，2007.

[77] 林家治. 民国商业美术史[M]. 上海：上海人民美术出版社，2008.

[78] 忻平. 从上海发现历史：现代化进程中的上海人及其社会生活[M]. 上海：上海大学出版社，2009.

[79] 黄玉涛. 民国时期商业广告研究[M]. 厦门：厦门大学出版社，2009.

[80] 许金生. 近现代上海日资工业史 1884—1937[M]. 上海：学林出版社，2009.

[81] 熊月之，周武. 上海一座现代化都市的编年史[M]. 上海：上海书店出版社，2009.

[82] 石同生，陈俊杰，况瑞峰. 美术论文论著资料索引（上、下）[M]. 天津：天津人民美术出版社，2000.

[83] 陈伯熙. 海轶事大观[M]. 上海：上海书店出版社，2000.

[84] 由国庆. 老广告里的岁月往事[M]. 上海：上海远东出版社，2010.

[85] 秦其文. 中国近现代企业广告研究[M]. 北京：知识产权出版社，2010.

[86] 上海烟草志编纂委员会. 上海烟草志[M]. 上海：上海社会科学院出版社，2010.

[87] 吕超. 海上异托邦——西方文化视野中的上海形象[M]. 哈尔滨：黑龙江大学出版社，2010.

[88] 郭长海，郭君兮. 李叔同美术广告作品集[M]. 合肥：黄山书社，2011.

[89] 叶浅予. 细叙沧桑记流[M]. 南京：江苏文艺出版社，2012.

[90]上海市档案馆．上海近现代广告业档案史料［M］．上海：上海辞书出版社，2012．

[91]黄建平，邹其昌．设计学研究［M］．上海：人民出版社，2012．

[92]张振宇．上海大亨张啸林［M］．北京：中国文史出版社，2012．

[93]祝帅．中国广告学术史论［M］．北京：北京大学出版社，2013．

[94]闻立欣．民国新闻月刊——1911—1919 从"武昌起义"到"五四运动"［M］．苏州：古吴轩出版社，2013．

[95]杜艳艳．中国近现代广告史研究［M］．厦门：厦门大学出版社，2013．

[96]吴咏梅，李培德．图像与商业文化——分析中国近现代广告［M］．香港：香港大学出版社，2014．

[97]袁熙旸．中国现代设计教育发展历程研究［M］．南京：东南大学出版社，2014．

[98]田晋跃．现代汽车新技术概论(第 2 版)［M］．北京：北京大学出版社，2014．

[99]葛本仪．现代汉语词汇学(第 3 版)［M］．北京：商务印书馆，2014．

[100]由国庆．民国广告与民国名人［M］．济南：山东画报出版社，2014．

[101]［美]李欧梵．上海摩登：一种新都市文化在中国(1930—1945)［M］．北京：北京大学出版社，2010．

[102]［美]克劳．四万万顾客［M］．夏伯铭，译.上海：复旦大学出版社，2011．

[103]［美]杰克逊·李尔斯(Jackson Lears)．丰裕的寓言——美国广告文化史［M］．任海龙，译.上海：上海人民出版社，2005．

[104]沈柔坚．根深叶茂——上海美术设计公司 40 年［M］．上海：未公开出版．

[105]上海档案馆．上海档案史料研究 第六辑［M］．上海：上海三联书店，2009．

[106]徐百益．实用广告手册［M］．上海：上海翻译出版公司，1986．

[107]中国户外广告年鉴编辑部．2004 中国户外广告年鉴［M］．上海：东方出版中心，2005．

［108］亚洲户外 . 2007 中国户外广告年鉴［M］. 上海：亚洲户外出版社，2008.

［109］黄志伟，黄莹. 为世纪代言——中国近代广告［M］. 上海：学林出版社，2004.

［110］黄升民. 广告运作策略［M］. 沈阳：辽宁大学出版社，2005.

［111］王淳. 上海户外广告管理现状及其对策研究［D］. 上海：上海交通大学，2007.

［112］陶洁. 城市户外广告系统设计研究［D］. 南昌：南昌大学，2008.

［113］刘磊，薛龙. 中国户外广告前景初探——由上海户外广告叫停引发的思考［J］. 商业经济，2008(12).

［114］上海广告大事记［J］. 大市场(广告导报)，2004(4).

［115］周稼骏. 外滩的霓虹灯为何要熄掉［J］. 长三角，2006(12).

［116］戚志刚. 上海霓虹灯史话［J］. 中国广告传播，1983(1).

［117］［德］史通文. 在娱乐与革命之间——留声机、唱片和上海音乐工业的初期(1878—1937)［M］. 王维江，吕澍，译. 上海：上海辞书出版社，2015.

［118］Wen-Hsin Yeh. Shanghai Splendor：A Cultural History，1843-1949［M］. University of California Press，2008.

［119］Graham Earnshaw. Tales of Old Shanghai：The Glorious Past of China's Greatest City［M］. Earnshaw Books，2012.

［120］Jacob Larwood，John Camden Hotten. The History of Signboards［M］. Create Space Independent Publishing Platform，2013.

［121］铭之. 广告法之研究［J］. 中华实业界，1914(3).

［122］孙科. 广告心理学［J］. 建设，1919，1(1-7).

［123］侯翔. 中国最早期的出租汽车企业——祥生汽车公司的创建与经营［J］. 城市车辆，1997(5).

［124］左旭初. 龙虎的创立与仁丹的较量［J］. 中华商标，2000(2).

［125］高芳英. 美国繁荣时期的广告与经济发展［J］. 江海学刊，2000(6).

［126］路鹏程. 民国时期上海大夏大学广告学系考述［J］. 国际新闻界，

2001(3).

[127]彭善民、肖阿伍.民国上海医药广告管理评析[J].湖南农业大学学报(社会科学版),2003(4).

[128]赵琛.民国户外广告(上)[J].中国广告,2004(4).

[129]赵琛.民国户外广告(下)[J].中国广告,2004(11).

[130]孙梦诗.民国上海广告的现代性特征探讨[J].江淮论坛,2005(2).

[131]郭瑾.近二十年民国广告研究述评[J].广告大观(理论版),2007(2).

[132]黄玉涛.从广告心理策略角度探析黄楚九的广告策略[J].新闻界,2007(12).

[133]杨祥银.卫生(健康)与近现代中国现代性——以近现代上海医疗卫生广告为中心的分析(1927—1937年)[J].史学集刊,2008(5).

[134]夏茵茵.中国近现代广告管理评析及启示[J].山东大学学报,2009(3).

[135]黄玉涛.论20世纪30年代前期中国广告业兴盛的成因[J].湖南社会科学,2009(5).

[136]和风.“祥生”—“强生”——中国最早的出租汽车公司[J].上海质量,2009(8).

[137]胡晓东.谈中国早期商业广告机构[J].浙江工艺美术,2009(12).

[138]路鹏程.民国时期上海大夏大学广告学系考述[J].国际新闻界,2011(3).

[139]查灿长.对国内路牌广告史和早期广告史研究中若干问题的勘正[J].上海大学学报(社会科学版),2012(11).

[140]孙梦诗.民国广告与上海市民文化[J].沈阳大学学报(社会科学版),2014(5).

[141]吴铁三.中国旧式之广告[D].上海:沪江大学,1934.

[142]裘祖范.商业广告技术之研究[D].上海:沪江大学,1949.

[143]陈文斌.近现代化进程中的上海城市公共交通研究(1908—1937)[D].上海:复旦大学,2004.

[144]楼嘉军．上海城市娱乐研究(1930—1939)[D]．上海：华东师范大学，2004．

[145]韩超．论近现代以来中国漫画艺术与平面设计之间的相互影响[D]．苏州：苏州大学，2005．

[146]常国良．近现代上海商业教育研究(1843—1949)[D]．上海：华东师范大学，2006．

[147]刘野．20世纪初南洋兄弟烟草公司与英美烟草公司的广告竞争[D]．黑龙江：东北师范大学，2006．

[148]王晶．近现代中国纺织品广告研究[D]．上海：东华大学，2007．

[149]海军．现代设计的日常生活批判[D]．北京：中央美术学院，2007．

[150]魏枢．大上海计划启示录——近现代上海华界都市中心空间形态的流变[D]．上海：同济大学，2007．

[151]李玲．20世纪早期中国消费特性与现代设计的发生[D]．北京：中央美术学院，2007．

[152]胡晓东．中国早期商业广告发展史[D]．杭州．中国美术学院，2008．

[153]薛娟．中国近现代设计艺术史论[D]．苏州：苏州大学，2009．

[154]牟振宇．近现代上海法租界城市化空间过程研究(1849—1930)[D]．上海：复旦大学，2010．

[155]陈文彬．近现代化进程中的上海城市公共交通研究(1908—1937)[D]．上海：复旦大学，2010．

[156]张馥玫．20世纪初上海商业美术环境研究[D]．北京：中央美术学院，2011．

[157]胡悦晗．日常生活与阶层的形成[D]．上海：华东师范大学，2012．

[158]巩斌．民国时期烟草广告研究[D]．济南：山东工艺美术学院，2012．

[159]沈唯．社会变迁中的上海设计研究——以淮海路的设计文化为核心[D]．上海：上海大学，2013．

[160]施钰．上海商业店招习俗流变[D]．上海：上海社会科学院文学研究所，2013．

[161]黄艳华．近现代上海平面设计发展研究(1843—1949)[D]．上海：上海大学，2014.

[162]曹汝平．上海美术设计机构研究(1909—1978)[D]．上海：上海大学，2016.

[163]赵欣悦．民国时期(1912—1949)美术字造型研究[D]．北京：中国艺术研究院，2012.

[164]杨勇．中国清末民国时期招贴形态研究[C]//首届中国高校美术与设计论坛论文集(下)，2012.

[165]谷歌图片——《生活》杂志专版全版[DB/OL]．http：//images. google. com/hosted/life，2014-10-20.

[166]Jack，Birns. Shanghai Billboard[DB/OL]．[2014-10-05]．http：// images. google. com/hosted/life/62a7037672150f0f. html.

[167]Jack，Birns. Shanghai Billboard[DB/OL]．[2014-10-05]．http：// images. google. com/hosted/life/57f024270b7f2956. html.

[168]上海地方志[DB/OL]．[2007-4-14].

[169]顾计高．国民购买力萎缩之危机[N]．大公报，1935.

附录1 本书相关档案

一、民国时期公共租界档案

编号	档案号	时间	档案名称	简要事件
1	U1-2-480	1915.12	上海公共租界工部局总办处关于1915年租界人口普查以及广告招贴板税收规定等的文书	从1915年12月至1916年1月间关于工部局对于辖区公用事业的统计，比较早期地反映了当时的招贴广告的类型与税收的情况
2	U1-3-1256	1921	上海公共租界工部局总办处关于法公董局新颁布有关马路广告路牌纳税章程事	关于法公董局新颁布有关马路广告路牌纳税章程事项
3	U1-4-3814	1933—1943	上海公共租界工部局总办处关于特别广告价格和许可证费用的规定	特别广告价格的规定
4	U1-4-3815	1934.9	上海公共租界工部局总办处有关(原文不可辨)	现代广告社关于上海近年经济商业不振，而提出的商业广告促进政策，关于车游行广告等的申请
5	U1-4-3816	1934—1941	上海公共租界工部局总办处有关无线电广播车广告的文件	否定了3815种广告车的提案
6	U1-4-3817	1934—1941	上海公共租界工部局总办处有关广告牌构造规则的档案	工部局对于租界范围内各种类型的广告牌的形制与规格的制定与修改的规定，在这种约束下，当时大量的广告牌的形制是依照工部局的规定而设置、设计、制作的记载

续表

编号	档案号	时间	档案名称	简要事件
7	U1-4-3818	1934—1938	上海公共租界工部局总办处有关气球广告的规定	关于不同的广告公司对于气球广告的申请与否定意见
8	U1-4-3819	1934—1943	上海公共租界工部局总办处有关旗帜广告的规定	关于不同的广告公司对于旗帜广告的申请与否定意见
9	U1-4-3820	1935—1936	上海公共租界工部局总办处有关银幕广告的规定	上海公共租界工部局总办处有关银幕广告申请与否定意见
10	U1-4-3821	1935—1943	上海公共租界工部局总办处有关不良广告处置事来往函	市区繁华路段都是不良广告，关于整治与建议，如通过工部局的收费来进行控制
11	U1-4-3822	1935—1943	上海公共租界工部局总办处有关广告围篱、照明等申请建议事来往函	上海公共租界工部局总办处有关广告围篱、照明等申请建议的规定
12	U1-14-3251	1914—1941	上海公共租界工务处有关东方广告公司申请装置广告牌的文件	关于1914—1941年东方广告公司、英美广告公司、美灵登公司、德士古公司、华中伦航有限公司等企业申请装置广告牌的档案，有部分广告牌的结构图等资料
13	U1-14-3253	1922—1941	上海公共租界工务处有关各路段设立广告牌和布告栏事宜的函件	在租界不同区域关各路段设立广告牌和布告栏文书往来
14	U1-14-3255	1928—1936	上海公共租界工务处有关广告公司和一些商号申请建立广告牌的函件	中国营地产业公司、圆圆广告公司，神殿（天后宫）墙上的广告（河南北路）。在篱笆上要进行很好的设计，水泥四面立方体广告柱等
15	U1-14-3258	1924—1929	上海公共租界工务处与法兴广告公司关于申请安装广告牌事宜的来往函件	上海公共租界工务处与法兴广告公司关于申请安装广告牌事宜
16	U1-14-3261	1931—1942	上海公共租界工务处有关商店霓虹灯装置等事宜的业务信件	上海公共租界工务处与有关商店霓虹灯装置的大小规格、安装要求等
17	U1-14-3262	1907—1930	上海公共租界工务处有关商店霓虹灯广告申请事宜的业务信件	

编号	档案号	时间	档案名称	简要事件
18	U1-14-3263	1933—1943	上海公共租界工务处有关建立广告牌申请事宜的文件	
19	U1-14-3265	1928—1942	上海公共租界工务处有关使用码头招牌申请的文件	
20	U1-14-3266	1924—1926	上海公共租界工务处有关装置各种类型的广告牌申请的文件	广告牌的申报与安装、内容、形式、设计之间的文书
21	U1-14-3267	1907—1943	上海公共租界工务处有关装置广告牌及登刊广告的章程	广告牌的刊登方式与不同的广告公司申报之间的文书
22	U1-14-3268	1933—1939	上海公共租界工务处有关装置各种广告牌的文件	广告牌的申报与安装、内容、形式、设计之间的文书
23	U1-14-3269	1927—1941	上海公共租界工务处有关装拆霓虹灯广告牌的文件	上海公共租界工务处有关装拆霓虹灯广告牌的文件

二、民国时期法租界档案

编号	档案号	时间	档案名称	简要事件
1	U38-4-1111	1928—1940	上海法租界公董局工程处关于广告牌的文件	爱克美广告公司广告牌柱等的申请、图示、室外设计规划示意图
2	U38-4-1113	1928—1943	上海法租界公董局工程处关于广告牌的文件	广告牌的外场规划设计；目前唯一一套最为标准的广告柱设计的黑白图；标准尺寸和构件示意图等
3	U38-4-1115	1930—1939	上海法租界公董局工程处关于广告牌(英商美灵登公司)的文件	上海法租界公董局工程处于英商美灵登公司设立广告牌的文件

续表

编号	档案号	时间	档案名称	简要事件
4	U38-4-1126		上海法租界公董局工程处关于申请设立广告牌的文件	
5	U38-4-1129		上海法租界公董局公共工程处关于广告牌的文件	保存了美通公司(美商)、爱尔德公司(英商)等为勒吐精代乳粉等产品的户外广告的制作示例图、设计示意图、区域放置示意图等。对于研究20世纪三四十年代的户外广告牌设计的基础结构有重要价值
6	U38-4-25-2510	1932—1934	上海法租界公董局道路股装置路牌事宜及其图样设计	

三、民国时期华界档案

编号	档案号	时间	档案名称	简要事件
1	Q1-14-302	1943.10.1	上海市政府公用局关于管理霓虹灯办法	
2	Q165-3-14-1	1939.6	浙湖绉业公所与荣昌祥广告社为广告事所订立的合同	详细记录了民国二十八年(1939)，荣昌祥广告社与浙湖绉业公所的广告位租赁合同，明确了租赁时间、地点：特二十二区北京路五二二号房屋侧面朝西沿马路墙壁地位，大小三十八公尺长，二十二公尺宽，时间期限民国二十八年六月二十日至民国二十九年六月十九日。价格法币三百六十元。还规定广告刊登的内容、广告墙壁损坏的责任认定、公证人等详细合同事务，包括期满后给荣昌祥的拆除通知等
3	Q464-1-240	1936.7	上海渔市场装置霓虹案	丽安电气公司与上海渔市场内各公司关于霓虹灯安装的文书，以及与工部局工务处的审批条件

续表

编号	档案号	时间	档案名称	简要事件
4	Q42-1-663	1946.8.23—1949.12.19	资源委员会中央化工厂筹备处为发还美孚行剩余铅皮来往文书	发还被日伪扣留的美孚行铅皮四百余箱，铅皮为SVOC牌，尺寸为14(1\4)×18(5\8)
5	Q5-1-4(微缩)	1945.9	上海市公用局关于接收太平广宣公司广告牌(一、二)	接受日伪广告牌93座，并配图标明广告牌的位置与场地，可以从图中看到当时的一些广告牌的形态、设计形式等内容
6	Q5-1-8(微缩)		上海公用局广告管理规则	
7	Q5-1-21(微缩)	1942.12—1947.3	上海公用局关于建设标准广告场事项	日伪时期建设装置广告牌架与本市建筑规划相等的依章清照。含有声、活动广告颇易吸引行人，对交通无妨
8	Q50-2-20(7-1-1、7-3-1、2-2-3)	1947	中国航空建设协会上海分会关于装用广告牌问题与有关单位的来往文书	荣昌祥拿到最著名的广告场(南京西路与四川路交叉口)的原因，以及永安等公司帮助建立航空广告牌的帮助。荣昌祥公司与中国银行之间的广告交涉，包括相互争执的记录
9	Q123-1-639	1936.4	审计部上海市审计处关于招商承办铅皮捐照及翻造旧照案	
10	Q123-1-638	1936.5	审计部上海市审计处关于招商承办铅皮捐照案	
11	Q5-1-1(微缩)盘号001，微档号118	民国34年7月30日	南京路商界联合会清免拆霓虹灯广告案	"本会(上海南京路商界联合会)现据南京路各会员商店声称以霓虹灯一项科学构造美感悦目，凡世界通都大邑莫不竞相装置"建议市政府不予拆除南京路户外广告
12	Q5-1-2	1946.4	幻灯片广告登记案	明星、恩派亚、中央、银都等公司幻灯广告甲、乙等收费案
13	Q5-1-3	1945.10	广告商登记规则案	抗战后广告商登记规则，其中第11条规定，广告商代客揭布各种广告时，应于广告下端，注名广告商名称，以便查验

续表

编号	档案号	时间	档案名称	简要事件
14	Q5-1-4（微缩）盘号 001，微档号 118	1949.1—1946.9	上海市公用局关于接收太平广宣公司广告牌	第一广告公司李炳森接收太平广宣广告牌 93 座，包括美灵登、贝美广告公司等的广告牌，但质疑其广告牌的归属
15	Q5-2-1126	不详	不详	上海市工务局为和平路改路的通知，改路图样，包括中华路、老西门、方斜路交通草图
16	Q132-4-147	1947	上海市警察局黄浦分局关于黄浦看弄人调查表商店住户霓虹灯调查表	黄浦区河南路、中正东路、南京东路、江西中路、福建路、广东路等地霓虹灯广告数量与对应商号的统计，看以看出大部分霓虹灯广告还是处于室内
17	Q5-3-1621	1936	上海市公用局 1936 年度整理公共广告场经费案	维修广告场费用，以及 1936 年全市广告场总数和广告场面积
18	Q5-3-3031（7-1-2）	1927.7.24—1929.8.01	上海市公用局关于上海市广告同业公会请保存蕰藻浜胡一记广告牌案	上海广告同业公会要求市政府保留胡一记在吴淞蕰藻浜广告牌的申请与辩解，其中该地也有英美烟草公司的红锡包广告牌
19	Q185-3-18481	1948	上海地方法院关于高寿浴室诉大隆电气霓虹公司霓虹纠缠案	大隆霓虹灯公司与高寿浴室霓虹灯广告纠葛，显示了当时的价格与材料记述
20	Q5-3-3014	1928.4.13—1928.4.17	上海市公用局关于豫园九曲桥设立广告牌案	润茂广告公司在豫园九曲桥附近设立铅皮广告
21	Q5-3-3016	1928.7	上海市公用局关于其发广告社承租沪南广告场案	沪南区内公共广告场 50 余处，7568 方尺，查市内揭布广告、纸张广告取缔凌乱张贴日益减少，为油漆广告所代替。介绍人商务印书馆王云五
22	Q5-3-3018	1929.1—1929.5	上海市公用局关于华商及爱克美公司承租闸北狄思威路公共广告牌案	狄思威路系越界筑路，广告合同与内容，自 1929 年闸北区经济开始繁荣
23	Q5-3-3019	1928.5	上海市公用局关于大公广告公司续租中华路三角广告场案	广告场地点、租赁价格、租赁形式、公共广告场地点；广告场的实际位置西门外方斜路和中华路交汇处地皮 1500 方尺，实际使用 1300 方尺；三十六条规定甲等广告收费

续表

编号	档案号	时间	档案名称	简要事件
24	Q5-3-3106	1933.10—11	上海市公用局关于免征市中心自有土地竖立建屋招租广告牌税案	沪北广告管理处要求对于市中心国和路口自有土地上的建筑减免税收的征询，以便促进经济
25	Q6-15-313-62	1945.11	上海公用局广告商登记规则	上海广告税的捐税率表、上海公用局广告商登记规则条例
26	Q123-1-788	1937.7.27	审计部上海市审计处关于招标承办本市广告场案	上海政府第19559号令的内容，招标广告场的章程，广告场地的大小，租赁期限等内容。广告在战前发展情况等
27	Q109-1-10	1947	上海市参议会请市政府开放全市有关新生活运动宣传纸霓虹灯文件	抗战结束后要求免予霓虹灯限制，为振兴工商业、挽救世道人心，在最高建筑物国际饭店最高处安设"礼义廉耻"等内容作为宣传新生活运动
28	Q124-1-6657	1946	上海市政府会计处关于标售敌商广告牌材料案	广告牌的尺寸标准，太平广宣公司的收购与接受。方尺、平尺的计算
29	Q132-4-147	1947	上海市警察局黄浦分局关于黄浦区里弄人调查表、商店住户霓虹灯调查表内有橱窗招牌等使用霓虹灯的统计	
30	Q199-19-54	1946.2—1948.11	景福衫袜厂关于广告牌合同	荣昌祥、开明、光明霓虹灯与景福衫袜厂关于广告牌合同
31	Q199-42-66	1947	国民党荣昌祥广告公司宣传	本档案共60页，包括与裕民毛线厂的多次合同往来，荣昌祥与新世界、裕民绒线厂的三方合同纠纷，与新世界、大世界的霓虹灯安装协调，与双洋牌绒线广告牌竣工通知，定制霓虹灯的描述，三洋牌、双洋牌绒线的商标，商报与裕民毛纺厂的商业函书等，以及其他相关广告合同等；包括1947—1948年，荣昌祥广告广告与相关其他公司(中法大药房、新世界、裕民绒线厂、申报)的合作情况；包括霓虹灯制作、广告牌制作、期限等

编号	档案号	时间	档案名称	简要事件
32	Q215-1-3932	1948	上海市工务局取缔商店临空悬挂霓虹灯招牌及布蓬规则、凉棚标准等文书	取缔霓虹灯的路段，1948 年中期并未完全取缔，还有上海市商店装置霓虹灯招牌办法草案
33	Q215-1-8780	1929.6	上海市工商局关于英领交涉荣昌祥在英兵战壕墙外设置广告文书	上海特别市工务局回复英方关于荣昌祥在民国路英兵坟前的广告牌的交涉，要求撤掉相关广告，上海工务局不予认同，但要求与前期英方回复进行详细调查
34	Q225-2-68	1939—1940	永安有限公司永安月刊	大量霓虹灯夜景
35	Y8-1-259-269	1937	圣约翰大学年刊：广告	圣约翰大学年刊刊前企业赞助广告(新闻报、申报、永安公司、联邦烟草、三角毛纺、章华呢绒、鸿翔女装、可口可乐、固本香皂、伊文思书局等)
36	Y9-1-47-485	1918.8	商业名录：广告	1918 年上海的企业的广告图例和广告画稿
37	Y9-1-78-18	1935	现代实业家：广告索引	上海商业企业名录 310 家著名企业，有两家颜料厂(瑞润颜料靛青号、中国颜料公司)，以及两家油漆厂(开林油漆有限公司、上海万里油漆厂)
38	Y9-1-115-935	1947.12	纺织工业	各种上海纺织工业的纸面印刷广告，以及厂家宣传图样，为各厂家的户外广告牌的绘制提供重要参考
39	H1-1-32-9		南京西路(大光明电影院国际饭店)街景	街车广告，大光明外景，大光明招牌
40	H1-1-32-40		屋顶上的红锡包等香烟广告	红锡包香烟广告

四、日伪时期广告档案

编号	档案号	时间	档案名称	简要事件
1	R1-10-103	1935.7.24	日伪上海特别市政府有关于处理本市区内有危险性广告牌架的文件	全市广告牌年久失修，破坏不看，本局一面派员随时查勘通知业主，并详细调查揭布广告商号是否迁移，属实予以拆除外，一面登报发布周知各有关广告公司
2	R22-1-212-1	1944.8.12	日伪上海特别市政府关于准上海市第一区公署函请的大陆广告公司租用北河南路工场北区（地册 691 号）王地竖立广告牌的文件	1. 不得变更已有侵占道路；2. 最高最低位置转角篱笆外面装设铝皮广告路牌一方计高 16 尺阔 100 尺一部代为义务宣传增产运动余下作为商业广告之用，既属美观又可做篱笆阻隔之用，附奉建筑工程草图一纸
3	R1-10-98	20 世纪 40 年代	日伪上海特别市政府关于拆除南市破旧广告牌的文件	荣昌祥广告公司　民国路老门东北门口　中华路小步桥　小东门大同袜厂　城隍庙九曲桥上海国际广告公司（专班全国路牌广告各种报纸印刷业务）民国路 625 号　城隍庙湖心亭旁　中华路 56 号　小东门民国路口　大陆广告公司民国路老东门口　九曲桥　东门路大同袜厂　中华路昌兴路
4	R52-1-191	1944	日伪上海特别市公用局关于 1944 年缴销广告牌照卷	中国民国三十二年 9 月 5 日，窃查本区事变前民街、里马路、民国路、方浜路等处店铺林立、商务繁盛、所悬广告招牌、触目皆是，旋因战争爆发，商店多数停歇，商所悬广告招牌复以年久失修风雨剥蚀、断铁残木、摇摇欲坠，尤以方滨路一带最多，月前飓风袭沪。注销多家广告公司
5	R53-1-9-41	1945.7	日伪上海特别市政府建设局颁发处理本市内危险广告牌架的布告	
6	R13-1-1325	1944.5	日伪上海特别行市经济局关于克劳股份有限公司申请登记问题与实业部的来往文书	本档案是在 1944 年 5 月进行补行登记的，由档案可以看到当时的户外广告大户克劳公司在 1942 年就已经成为"民族资本"，在控股与投资名单中已经全部是国人。还有英商美灵登公司也有类似的情况
7	R13-1-411-1	19世纪40年代	沪南广告场训令	在训令中出现大量户外广告场规定

五、1949 年之后部分所涉及档案

编号	档案号	时间	档案名称	简要事件
1	Q431-1-206-25	1949—1950	上海军管会新闻出版处关于美灵登印刷公司的调查书	关于民国时期较大的广告公司附属的印刷厂，美灵登公司的经营情况、经营方式与资方人员的调查
2	B128-2-978-136	1952	鼎盛广告社解雇协议书	鼎盛广告社的劳资纠纷中显示其经营范围
3	A65-2-413-96	1957	荣昌祥广告公司党支部对郑孝伦意见的函	荣昌祥在新中国成立后的生产情况与一些生产商的分歧
4	C48-2-906-165	1954	荣昌祥广告股份公司董事会关于自愿争取走上高级形式国家资本主义申请公私合营的请示	荣昌祥公司的自我介绍，最早的起家，经营范围等内容。创立于 1920 年 9 月，1940 年进行股份制改组
5	B123-3-65-88	1956.6	上海市广告商业公会填报的上海第一商业局广告公司私方人员提名介绍表	王万荣的基本情况，在路牌广告行业中的地位与个人价值，以及公私合营后的职务安排
6	B123-4-81-10	1959.6	上海第一商业局的任免通知	王万荣(原荣昌祥经理)任美术厂副厂长，徐百益任印刷厂副厂长
7	Q431-1-206-25	1949	上海军管会新闻出版处关于美灵登印刷公司的调查书	可以了解美灵登公司在战后就为敌伪所控制，1942 年之后，原有的犹太人与波兰管理人员进入集中营，但实际为中国职员周正祥所控制
8	S96-4-21-113	1951	上海市洋白铁同业公会会员登记申请书及会员业务调查表(茂成兴旧铅皮工场)	公司延续以及经营种类

编号	档案号	时间	档案名称	简要事件
9	S96-4-26-164	1951	上海市洋白铁同业公会会员登记申请书及会员业务调查表(源发铅皮号)	略
10	S96-4-23-89	1950	上海市洋白铁同业公会会员登记申请书及会员业务调查表(顾春记铅皮作)	略

附录 2 部分已采访人员名单与事件

序号	采访人	时间、地点	事件	在本书中的价值
1	裘东明	2014 年 11 月 10 日首次，以后多次采访 上海户外广告协会办公室	了解了民国时期户外广告的整体面貌以及在建国以后的影响。	①提供了大量户外广告行业的前辈的联系方式，为进一步得到民国户外广告一手资料提供线索。提供荣昌祥与赵锡奎等原始资料 ②明确了新中国成立以后广告牌等户外广告与民国时期的变化不大，可以作为参考 ③研究上海的户外广告需要依靠国际的视域，民国各种元素形成的上海要从城市历史讲起，了解广告转化为购买行为的因素 ④从广告的流行元素，谈到影响当时中国重要的美国插画家罗克威尔。美国的插图画家罗克威尔那些插图、风格影响到上海的绘画风格，插画家庞亦鹏(后来定居美国)的风格与他的作品关系及与美国的渊源 ⑤电影海报中、广告牌绘画中的绘画怎么样实现感动方式 ⑥了解与确认民国上海广告场与广告阵地的大体分布
2	陈观	2014 年 9 月采访 浦东办公室	了解霓虹灯广告发展基本时间点	对于早期霓虹灯广告的时间点的确认与霓虹灯技术、制作方法、技术标准的了解，霓虹灯广告的兴衰
3	左旭初	2015 年 8 月采访 左旭初家中	民国时期丰富的商业美术资料的收集	提供了早期的《现代中国工商业美术选集》一书作为参考，同时提供了大量民国时期的商业包装原物，根据部分印制在包装纸上的图像与图片为户外广告招牌与建筑物的结合提供研究线索与佐证
4	宋钻友	2015 年 8 月采访 上海档案馆	关于上海商业美术、四大公司的研究方法	提供了适应于本书的资料收集方法与素材收集途径，通过其间接的研究材料，开拓了对于南京路上四大公司相关户外广告的研究外延的扩展。同时，有效地进行检索了所有申报中关于民国户外广告的内容，为下一步的研究提供便利

序号	采访人	时间、地点	事件	在本书中的价值
5	王祖升	2015年1月24日 王祖升家中	关于民国时期户外广告发展、公司、事件、人物的口述	①关于民国初期荣昌祥的发展概况，关于王万荣本身的发展与户外广告行业的推动作用。 ②早期各个广告社的发展状况、人员与经营范围 ③各个广告社的经营情况，早期广告牌的制作特征、设计与画稿的分工情况等 ④个别设计师当时情况的介绍 ⑤在回忆的基础上，针对当时绘画员工的组成部分的分析 对于王祖升老人的采访来自裘东明先生的推荐与指引，2015年1月28日下午在其浦东家中进行(家庭住址涉及个人隐私，不便公开)，当时老人已经86岁高龄，身体欠安，对于一些往事记忆犹新(有些个别部分也有所遗忘)，但浓重的鄞县口音影响了沟通，基本为王祖升说一句，其子翻译一句，笔者录音总结。王祖升提供了部分图片资料，但非常可惜未有民国时期的记载。王祖升是当时本人所能找到的唯一一位横跨民国时期、抗日战争时期、新中国时期三个时期的户外广告画师，其所陈述的内容具有重要的历史价值，也为本书的写作提供大量佐证。同年12月，王祖升仙逝于上海
6	杨圭华	2015年1月9日 杨圭华家中	上海广告装潢公司退休员工	提供50—70年代上海广告装潢公司的绘制图片
7	李瑞光	2014年10月22日 李瑞光家中	霓虹灯厂退休员工	①霓虹灯的设计与制作原理，早期霓虹灯的制作方法 ②为本书的霓虹灯的广告制作方面，提供早期的一些口述性的历史记载 ③提供了部分霓虹灯的设计图稿、手稿，部分设计手稿与民国时期的设计手稿比较相似